中国对外承包工程发展报告
2022—2023

中国对外承包工程商会　组织编写

中国建筑工业出版社

图书在版编目（CIP）数据

中国对外承包工程发展报告. 2022-2023 / 中国对外承包工程商会组织编写. —北京：中国建筑工业出版社，2023.11

ISBN 978-7-112-29253-0

Ⅰ.①中… Ⅱ.①中… Ⅲ.①对外承包—承包工程—研究报告—中国—2022-2023 Ⅳ.①F752.68-54

中国国家版本馆CIP数据核字（2023）第184156号

责任编辑：毕凤鸣 牛 松
责任校对：党 蕾
校对整理：董 楠

中国对外承包工程发展报告 2022—2023
中国对外承包工程商会 组织编写
*
中国建筑工业出版社出版、发行（北京海淀三里河路9号）
各地新华书店、建筑书店经销
北京雅盈中佳图文设计公司制版
北京云浩印刷有限责任公司印刷
*
开本：787毫米×1092毫米 1/16 印张：11¼ 字数：245千字
2023年12月第一版 2023年12月第一次印刷
定价：118.00元
ISBN 978-7-112-29253-0
（41964）

版权所有 翻印必究
如有内容及印装质量问题，请联系本社读者服务中心退换
电话：（010）58337283 QQ：2885381756
（地址：北京海淀三里河路9号中国建筑工业出版社604室 邮政编码：100037）

版权声明

《中国对外承包工程发展报告2022—2023》著作权属于中国对外承包工程商会所有，未经中国对外承包工程商会授权，不得复制、转载、摘编、改编、翻译或通过其他方式使用本报告。引用本报告有关数据和观点应该注明："来源：《中国对外承包工程发展报告2022—2023》"。违反上述声明者，中国对外承包工程商会保留追究其相关法律责任的权利。

编写委员会

主　　　编：房秋晨
副　主　编：辛修明
编　　　委：汪文忠　季晓勇　高　波　唐桥梁　陶　扬　白银战
　　　　　　王建军　胡　鹏　刘志强　刘　涌
主要编写人员：苏建国　伏林林　齐　冰　冯会会　杨　菲　周　婷
　　　　　　杨一泓　许　欣　申王伟　张晓强　夏新瑞　董　炎
　　　　　　过君毅　兰　天　段丽佳　海　鹏　李　智　牛博弘
　　　　　　刘北美　辛　奇　朱志华　毛洪辉　吕晓科　张　昶
　　　　　　王　雪　张　咪　赵　洋

主要编写单位

中国对外承包工程商会

中国建筑股份有限公司

中国铁建股份有限公司

中国中铁股份有限公司

中国港湾工程有限责任公司

中国电建集团国际工程有限公司

中国葛洲坝集团国际工程有限公司

中国海外工程有限责任公司

中信建设有限责任公司

中国江西国际经济技术合作有限公司

中国民航机场建设集团有限公司

前　言

《中国对外承包工程发展报告2022–2023》是由中国对外承包工程商会（以下简称"承包商会"）编写的国内第一本全面、系统分析介绍中国对外承包工程行业2022年发展状况的专业报告，对于了解中国对外承包工程行业的发展现况、研究对外承包工程行业发展趋势、促进行业内外交流合作具有重要的参考价值。

全书共分为四章。第一章为对外承包工程业务发展概述。该章节总结了2022年我国对外承包工程业务发展概况，分析了对外承包工程工程行业发展所面临的机遇和风险挑战，并提出了推动对外承包工程行业高质量发展的工作建议。第二章为各地区市场业务发展情况。该章节主要介绍了对外承包工程企业在亚洲、非洲、欧洲、拉丁美洲和大洋洲市场的承包工程业务总体情况、分区域市场业务情况、市场发展形势和展望。第三章为各专业领域年度业务情况。该章节主要介绍了交通运输建设、电力工程建设、一般建筑领域以及以及石油化工、工业建设、通讯工程建设、水利建设、制造加工设施建设等领域业务情况、发展趋势和工作建议，及部分细分专业领域的市场分布、主要参与企业等内容。第四章收录了承包商会部分会员企业的年度业务发展情况、发展经验和典型做法，供读者参阅。本报告中所提及的"本年度"均指2022年。

《中国对外承包工程发展报告》自2004年以来以行业内部资料的形式发布，今年是首次面向社会公开出版。我们真诚希望本书能够成为服务会员企业和社会相关方的重要载体，能够为政府决策、行业发展和会员企业发展提供支持，为推动我国对外承包工程建设行业高质量发展发挥积极作用。在报告的编写过程中，我们得到了商务部有关司局的大力支持，得到了驻外经商处（室）、会员企业和各有关方面的热情帮助，在此向大家一并表示衷心的感谢！

本书编写组

2023 年 11 月

目 录

第一章　中国对外承包工程业务发展概述 ……………………………………… **001**
　　第一节　2022年对外承包工程业务发展概况 ………………………………001
　　第二节　对外承包工程行业发展形势 ………………………………………011
　　第三节　推动行业高质量发展的工作建议 …………………………………016

第二章　地区市场业务情况 ……………………………………………………… **019**
　　第一节　亚洲市场 ……………………………………………………………019
　　第二节　非洲市场 ……………………………………………………………041
　　第三节　欧洲市场 ……………………………………………………………062
　　第四节　拉丁美洲市场 ………………………………………………………071
　　第五节　大洋洲市场 …………………………………………………………077

第三章　专业领域业务情况 ……………………………………………………… **082**
　　第一节　交通运输建设业务 …………………………………………………082
　　第二节　电力工程建设业务 …………………………………………………101
　　第三节　一般建筑业务 ………………………………………………………114
　　第四节　其他领域 ……………………………………………………………121

第四章　企业业务发展情况 ……………………………………………………… **132**
　　第一节　中国交通建设集团有限公司 ………………………………………132
　　第二节　中国建筑股份有限公司 ……………………………………………135
　　第三节　中国铁建股份有限公司 ……………………………………………137

第四节　中国中铁股份有限公司 …………………………………………… 139

第五节　中国港湾工程有限责任公司 ………………………………………… 141

第六节　中国能源建设股份有限公司 ………………………………………… 143

第七节　中国电建集团国际工程有限公司 …………………………………… 146

第八节　中国化学工程集团有限公司 ………………………………………… 148

第九节　中国冶金科工集团有限公司 ………………………………………… 151

第十节　中国葛洲坝集团股份有限公司 ……………………………………… 155

第十一节　中国机械设备工程股份有限公司 ………………………………… 157

第十二节　中国江西国际经济技术合作有限公司 …………………………… 160

第十三节　中信建设有限责任公司 …………………………………………… 162

第十四节　北京城建集团有限责任公司 ……………………………………… 164

第十五节　中工国际工程股份有限公司 ……………………………………… 166

第十六节　特变电工股份有限公司 …………………………………………… 168

第十七节　三峡国际能源投资集团有限公司 ………………………………… 170

第十八节　中国民航机场建设集团有限公司 ………………………………… 172

第一章

中国对外承包工程业务发展概述

第一节　2022 年对外承包工程业务发展概况

2022 年，国际地缘政治冲突加剧，世界经济复苏艰难，全球通胀高企，在众多央行货币政策紧缩、部分发展中国家债务问题凸显的复杂背景下，我国对外承包工程行业发展面临前所未有的巨大压力和挑战。广大会员企业坚定信心、顶住压力、迎难而上，主动创新求变，业务转型升级迈出新步伐，行业高质量可持续发展取得新成效，展现了我国对外承包工程行业发展的强大韧劲与活力。2022 年全年，我国对外承包工程业务完成营业额 1549.9 亿美元，较上年增长 0.03%，新签合同额 2530.7 亿美元，同比下降 2.1%。截至 2022 年 12 月底，我国对外承包工程业务累计签订合同额 3.4 万亿美元，完成营业额 2.2 万亿美元（图 1-1、图 1-2）。

总体来看，2022 年对外承包工程业务呈现以下发展特点：

图 1-1　2011—2022 年对外承包工程新签合同额走势

图 1-2　2011—2022 年对外承包工程完成营业额走势

一、地区市场业务

从各区域市场新签合同额来看，亚洲市场保持稳定，非洲、欧洲市场出现下滑，拉美市场快速增长（表 1-1）。

2022 年对外承包工程各市场业务分布情况　　　　　　　　表 1-1

洲别	新签合同额			完成营业额		
	亿美元	占比（%）	同比（%）	亿美元	占比（%）	同比（%）
亚洲	1232.1	48.8	0.4	824.3	53.2	-4.4
非洲	732.2	28.9	-5.0	378.4	24.4	2.0
欧洲	205.3	8.1	-24.7	159.5	10.3	1.7
拉丁美洲	271.3	10.7	35.8	113.3	7.3	42.1
大洋洲	75.1	3.0	-19.0	59.1	3.8	6.3
北美洲	12.4	0.5	2.6	14.5	1.0	-36.1
合计	2530.7	100.0	-2.1	1549.9	100.0	0.03

1. 亚洲市场新签合同额同比基本持平

中国企业在亚洲市场新签合同额 1232.1 美元，同比增长 0.4%，完成营业额 824.3 亿美元，同比下降 4.4%，新签合同额和完成营业额占比分别为 48.8% 和 53.2%。印度尼西亚、伊拉克、菲律宾、中国香港、沙特阿拉伯、马来西亚、越南等位列中国企业境外新签合同额前十市场。新签合同额 10 亿美元及以上项目共 7 个，较上年度减少 6 个。交通、电力工程领域新签合同额均同比出现 20%~25% 的下降，房建领域恢复增长，工业建设和制造加工设施领域继续保持增长态势，产能合作增加，新能源类项目、海水淡化、废水（物）处理等项目合作继续取得成效。

2. 非洲市场新签合同额出现下滑

中国企业在非洲市场新签合同额 732.2 亿美元，同比下降 5%；完成营业额 378.4 亿美元，同比增长 2.0%，在连续六年下滑后实现增长。尼日利亚、加纳、几内亚、安哥拉等市场签约规模领先，交通工程、石油化工、通讯工程等领域实现同比增长。企业探索以 BOT/PPP 模式承揽项目，如在刚果（金）、刚果（布）、肯尼亚等市场以投资带动模式推动水电站、公路、港口、水厂等项目，不断探索境外经贸合作区等业务，农业和矿产资源综合开发等业务不断增多。

3. 拉丁美洲市场新签合同额大幅增长

中国企业在拉美市场新签合同额 271.3 亿美元，同比增长 35.8%；完成营业额为 113.3 亿美元，同比增长 42.1%，主要合作领域为交通工程、房屋建筑、电力工程、通讯工程、石油化工等。企业以特许经营等模式在智利、墨西哥、乌拉圭等市场投资建设了交通、医院、新能源等项目，有效带动业务增长。

4. 欧洲市场新签合同额受乌克兰危机影响有所下滑

本年度中国企业在欧洲市场新签合同额 205.3 亿美元，同比下降 24.7%；完成营业额 159.5 亿美元，同比增长 1.7%。在俄罗斯联邦、塞尔维亚、西班牙等市场签约规模领先。业务主要分布在交通、电力、通讯工程等领域。中东欧市场业务同比出现下滑，新签合同额 93.6 亿美元，完成营业额 36.0 亿美元。

5."一带一路"沿线业务是重要支撑

2022 年，中国企业在"一带一路"沿线国家新签对外承包工程项目合同 5514 份，新签合同额 1296.2 亿美元，同比下降 3.3%，占同期我国对外承包工程新签合同额的 51.2%，较 2019 年 60% 的峰值下降了 8.2 个百分点；完成营业额 849.4 亿美元，同比下降 5.3%，占同期总额的 54.8%，较上年度下降了 3.1 个百分点（图 1-3、图 1-4）。

图 1-3　2013—2022 年"一带一路"沿线市场对外承包工程新签合同额走势

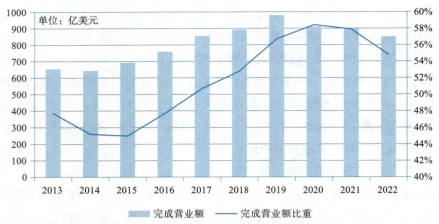

图 1-4　2013—2022 年"一带一路"沿线市场对外承包工程完成营业额走势

从国别市场（地区）来看，排名前 20 的国别（地区）市场规模分别占新签合同额和完成营业额总量的 55.5% 和 58.1%（表 1-2），业务市场集中度相对较高。

2022 年对外承包工程新签合同额和完成营业额前 20 国别市场（地区）排名　　表 1-2

单位：亿美元

排名	国别（地区）	新签合同额	国别（地区）	完成营业额
1	印度尼西亚	142.5	中国香港	89.4
2	伊拉克	105.4	印度尼西亚	68.4
3	菲律宾	105.1	沙特阿拉伯	66.4
4	尼日利亚	99.6	俄罗斯联邦	65.3
5	中国香港	98.6	马来西亚	64.0
6	沙特阿拉伯	97.1	孟加拉国	55.4
7	马来西亚	90.3	阿拉伯联合酋长国	53.9
8	越南	63.8	澳大利亚	46.2
9	哥伦比亚	55.4	尼日利亚	45.9
10	加纳	54.3	巴基斯坦	45.6
11	新加坡	53.2	新加坡	42.9
12	几内亚	53.1	菲律宾	33.9
13	澳大利亚	52.8	伊拉克	33.8
14	墨西哥	50.3	越南	29.0
15	安哥拉	50.1	安哥拉	28.9
16	阿拉伯联合酋长国	48.0	阿尔及利亚	28.4
17	俄罗斯联邦	47.5	埃及	27.3
18	坦桑尼亚	46.7	泰国	26.3
19	塞尔维亚	46.5	刚果（金）	25.6
20	刚果（金）	43.3	秘鲁	22.9

二、专业领域业务

2022年，中国企业传统三大业务领域——交通、房建和电力工程新签合同额合计占比约为60.6%，较上年度下降2.4个百分点，新能源、石油化工、工业建设业务保持增长态势，业务领域多元化发展趋势日益明显。

1. 交通工程业务规模继续稳居首位

2022年新签合同额586.9亿美元，同比下降8.8%，占比23.2%；完成营业额411.2亿美元，同比下降0.8%，占比26.5%。在坦桑尼亚、塞尔维亚、澳大利亚、尼日利亚、几内亚市场交通运输建设业务签约规模领先，签约金额较大的项目有坦桑尼亚标准轨铁路、哥伦比亚马道斯PPP、塞尔维亚E763高速公路等。

2. 房建工程新签合同额大幅增长

本年度新签合同额582.9亿美元，同比增长15.4%，完成营业额297.3亿美元，同比增长3.1%。签约规模领先的市场有中国香港、菲律宾、马来西亚、伊拉克、阿拉伯联合酋长国等，主要项目为城市综合开发、医疗基础设施等。

3. 电力工程新签合同额大幅下滑，但新能源业务迎来快速发展

中国企业在境外新签电力工程项目合计364.3亿美元，同比下降25.1%；完成营业额216.8亿美元，同比下降25.2%。在应对气候变化、大力发展可再生能源成为全球共识的背景下，中国企业境外电力工程项目构成发生变化，煤电项目加速退出，以光伏、风电为代表的新能源以及蓄/变电站、输变电业务正成为电力领域新的增长点。其中太阳能和风电等新能源领域签约合计206.7亿美元，在电力工程签约总额中占比56.7%。

4. 石油化工、工业建设等业务同比增长，通讯工程、水利建设、制造加工设施建设、废水（物）处理等领域签约同比出现较大下滑

石油化工领域新签合同额273.3亿美元，同比增长31.4%，主要签约市场有伊拉克、加纳、沙特阿拉伯等；工业建设领域新签合同额186.3亿美元，同比增长17.4%，已经连续四年实现增长，业务广泛涉及钢铁和有色金属加工厂建设、非金属矿物制品厂建设、矿产资源开发领域；通讯工程建设领域新签合同额152.3亿美元，同比下降3.0%；水利建设领域新签合同额57.9亿美元，同比下降30.5%；制造加工设施建设项目新签合同额40.0亿美元，同比下降15.3%。2022年对外承包工程各行业领域业务情况见表1-3。

2022年对外承包工程各行业领域业务情况　　　　表1-3

行业类别	新签合同额			行业类别	完成营业额		
	亿美元	同比%	占比%		亿美元	同比%	占比%
交通运输建设	586.9	-8.8	23.2	交通运输建设	411.2	-0.8	26.5
一般建筑	582.9	15.4	23.0	一般建筑	297.3	3.1	19.2
电力工程建设	364.3	-25.1	14.4	电力工程建设	216.8	-25.2	14.0

续表

行业类别	新签合同额			行业类别	完成营业额		
	亿美元	同比 %	占比 %		亿美元	同比 %	占比 %
石油化工	273.3	31.4	10.8	石油化工	170.3	10.4	11.0
其他	262.5	18.4	10.4	其他	104.7	38.0	6.7
工业建设	186.3	17.2	7.4	工业建设	99.8	53.3	6.4
通讯工程建设	152.3	-3.0	6.0	通讯工程建设	150.6	2.0	9.7
水利建设	57.9	-30.5	2.3	水利建设	50.6	-28.1	3.3
制造加工设施建设	40.0	-15.3	1.6	制造加工设施建设	35.9	4.6	2.3
废水（物）处理	24.3	-66.8	0.9	废水（物）处理	12.7	22.5	0.8
合计	2530.7	-2.1	100.0	合计	1549.9	0.03	100.0

三、业务发展模式创新

2022年，对外承包工程企业不断开展业务和模式创新，推动融合发展，培育新的竞争力和增长点。

1. 新模式方面，转型创新发展成果丰硕

在推进传统工程总承包（EPC）业务、挖掘传统市场潜力的基础上，中国企业积极探索业务模式创新，开展投资类业务，探索投建营一体化、综合开发等业务。产业链不断延伸，向设计咨询、运营维护管理等领域拓展，建设—经营—转让（BOT）、政府和社会资本合作（PPP）等业务模式取得实质性进展，拓展高端市场和高附加值项目初有成效，业务发展质量逐年提升，成为行业转型升级新增长点。如中国铁建中标智利5号公路塔尔卡—奇廉段第二期特许经营项目、智利医院特许经营第二计划科金博医院项目，以及乌拉圭C5公路14和15段特许经营项目，有效开拓拉美市场业务规模；中工国际发挥内部单位协同优势，设计咨询、高端装备与工程承包聚合优势突显。

2. 新领域方面，业务板块不断拓展

中国企业紧抓国际市场发展机遇，加大绿色项目的市场开发力度，培育发展低碳业务，业务板块拓展至绿色产业、生态环保（固体垃圾、水环境治理等）、农业开发、资源开发、新型城市建设等新领域。2022年，新签清洁类工程项目合同额337亿美元，占当年新签合同额的13.3%，涉及风能、太阳能、水力等清洁能源电站，以及污水处理、废弃物处理等环保类项目。如电建国际实现年度海外新能源项目新签合同额675.5亿元；中国能建海外新能源项目签约占总签约比例升至30%，同比增长66%；中国港湾生态环保产业规模累计达400多亿元。中国企业积极开发资源、农业综合开发、新城综合开发等类型项目，在印度尼西亚、蒙古国、尼日利亚、刚果（金）、马里、莫桑比克等市场投资开发矿产资源，在塞拉利昂、赤几、柬埔寨等市场开发建设农渔业项目，在菲律宾、埃及等市场推动城市综合开发项目等。

3. 新合作方面，行业融合、三方合作和属地经营取得成效

加强行业融合。行业内产业链上下游企业的分工合作不断深化，总承包企业、设计咨询企业、设备制造企业和金融机构等各方构建分工明确、优势互补的行业生态圈。部分企业主动拓展与能源资源、港口航运、公共交通运营、农业综合开发、供应链等领域企业的跨界合作。如中信建设积极发挥综合优势和协同优势，聚焦新兴产业合作，打造差异化竞争优势；三峡国际联合国内设计、施工、装备制造企业组成联合体，编队抱团出海，增强了中国企业的国际竞争力和影响力。

加强三方合作。注重加强整合国际资源，开展第三方市场合作。有的企业积极拓展国际合作渠道，推进第三方市场合作，延伸产业链，提升一揽子解决方案的能力，显著提升业务承接能力和实施水平；有的企业深化与外国和多边金融机构的合作，通过三方合作探索多元化融资新路径，并在一些项目中取得突破。如乌兹别克斯坦锡尔河燃气联合循环独立电站项目，开创了中国、沙特阿拉伯、日本、乌兹别克斯坦企业在技术、资金、建设等领域多边友好合作的范例。

加强属地经营。企业积极融入当地，加强对属地资源的开发和利用，带动项目所在地就业和经济发展。2022 年，中国企业平均外籍员工占比超过 75%。如中国建筑在埃及新首都中央商务区项目施工过程中，与超过 300 家埃及当地企业开展合作，直接或间接创造了约 3 万个就业岗位。

4. 新技术方面，技术创新和数字化转型不断推进

重视技术创新和应用。中国企业大力推进绿色能源、绿色和智能建造等关键技术的研发，在建项目大力推广绿色工艺和可再生、耐用和适应性强的材料应用，开展绿色施工，集约化设计和施工。如北京城建在香港国际机场项目中应用大跨度钢屋盖综合模块拼装技术、大跨度钢结构施工全过程应力分析技术、基于 BIM 正向设计的智慧化建造技术、智能工业信息化管理等技术，保证项目在达到预期质量的前提下，减少工程材料用量、加快施工进度、节约施工成本，同时减少运营期能耗；中国建筑在埃及新行政首都中央商务区项目中，在规划、设计、施工环节中，引导绿色生活方式、降低生产和运营能耗，提高能源使用效率。

推动数字业务合作。中国企业顺应时代要求，与信息科技类企业深度合作，积极抢占新型基础设施建设领域业务先机，推动数据中心、通讯、充电桩等业务的发展；谋划数字赋能，布局智慧交通、智慧城市等业务；结合实际需求，有效采用 BIM、物联网、大数据等相关技术，提升建造信息化水平。

开展数字化管理转型。中国企业通过数字化转型优化资源配置、进行科学决策、提升管理运营效率。如中国中车进一步强化系统思维，着眼于全生命周期服务，构筑从规划设计、工程建设到运营维护的轨道交通大系统，推动全系统业务协同发展；中国电建加快推进业务数字化、产品数字化、数字产业化、管理智慧化，发展壮大"数字电建"。

四、企业主体方面

中国对外承包工程商会根据会员企业申报的2022年对外承包工程项目业绩分析形成了2022年度对外承包工程企业100强见表1-4。

2022年度对外承包工程企业100强　　　　　　　　　　表1-4

排名	企业
1	中国交通建设集团有限公司
2	中国建筑股份有限公司
3	中国电力建设集团有限公司
4	中国铁建股份有限公司
5	中国中铁股份有限公司
6	中国港湾工程有限责任公司
7	中国能源建设股份有限公司
8	中国电建集团国际工程有限公司
9	中国化学工程集团有限公司
10	中国化学工程第七建设有限公司
11	中国路桥工程有限责任公司
12	中国石油集团工程股份有限公司
13	中国机械工业集团有限公司
14	中国土木工程集团有限公司
15	中国冶金科工集团有限公司
16	中国葛洲坝集团股份有限公司
17	中国机械设备工程股份有限公司
18	上海振华重工（集团）股份有限公司
19	中国中材国际工程股份有限公司
20	中国石油工程建设有限公司
21	山东电力建设第三工程有限公司
22	中国石油管道局工程有限公司
23	中国铁建国际集团有限公司
24	中国电建集团山东电力建设有限公司
25	上海电气集团股份有限公司
26	山东高速集团有限公司
27	中国建筑第三工程局有限公司
28	海洋石油工程股份有限公司
29	中国江西国际经济技术合作有限公司
30	浙江省建设投资集团股份有限公司

续表

排名	企业
31	苏州中材建设有限公司
32	北方国际合作股份有限公司
33	中国建筑第八工程局有限公司
34	江西中煤建设集团有限公司
35	中国山东国际经济技术合作有限公司
36	中钢设备有限公司
37	中交一公局集团有限公司
38	中信建设有限责任公司
39	北京城建集团有限责任公司
40	中铁十八局集团有限公司
41	青建集团股份公司
42	中国电力技术装备有限公司
43	中工国际工程股份有限公司
44	中铁十六局集团有限公司
45	中国地质工程集团有限公司
46	中国能源建设集团天津电力建设有限公司
47	中铁七局集团有限公司
48	中石化炼化工程（集团）股份有限公司
49	中国天辰工程有限公司
50	中国航空技术国际工程有限公司
51	哈尔滨电气国际工程有限责任公司
52	中石化中原石油工程有限公司
53	中交第三航务工程局有限公司
54	新疆生产建设兵团建设工程（集团）有限责任公司
55	中国河南国际合作集团有限公司
56	中国东方电气集团有限公司
57	中铁十局集团有限公司
58	上海宝冶集团有限公司
59	中铁隧道局集团有限公司
60	中地海外集团有限公司
61	中建科工集团有限公司
62	中铁建国际投资有限公司
63	烟建集团有限公司
64	中铁九局集团有限公司
65	威海国际经济技术合作股份有限公司
66	上海中建海外发展有限公司

续表

排名	企业
67	中国通用技术（集团）控股有限责任公司
68	中鼎国际工程有限责任公司
69	上海建工集团股份有限公司
70	中交第四航务工程局有限公司
71	上海城建（集团）公司
72	中铁大桥局集团有限公司
73	中交路桥建设有限公司
74	中交疏浚（集团）股份有限公司
75	山西建设投资集团有限公司
76	上海电力建设有限责任公司
77	中交第二公路工程局有限公司
78	中国化学工程第六建设有限公司
79	中冶南方工程技术有限公司
80	江西省水利水电建设集团有限公司
81	中铁一局集团有限公司
82	江苏省建筑工程集团有限公司
83	特变电工股份有限公司
84	中国能源建设集团广东火电工程有限公司
85	中国能源建设集团浙江火电建设有限公司
86	中铁建工集团有限公司
87	中国江苏国际经济技术合作集团有限公司
88	中国核工业建设股份有限公司
89	中铁四局集团有限公司
90	中国建材国际工程集团有限公司
91	中国电建集团贵州工程有限公司
92	中国武夷实业股份有限公司
93	中国建筑第五工程局有限公司
94	云南省建设投资控股集团有限公司
95	龙信建设集团有限公司
96	中国化学工程第三建设有限公司
97	中铁五局集团有限公司
98	中国京冶工程技术有限公司
99	中国二十冶集团有限公司
100	中铁十四局集团有限公司

备注：以会员企业申报的完成营业额为排名依据，一级企业包含下属企业完成营业额。

第二节　对外承包工程行业发展形势

当前，世界百年未有之大变局加速演进，我国对外承包工程行业发展所面临的机遇和挑战都出现了新特点。

一、行业发展所面临的机遇

国际基建市场需求的稳步恢复、全球绿色可持续发展的新趋势以及多双边合作机制的不断深化等，都将为我国对外承包工程行业复苏和转型升级带来新的发展机遇。

（一）高质量共建"一带一路"和全球发展倡议引领行业转型升级

第三次"一带一路"建设座谈会进一步明确以"高标准、可持续、惠民生"为核心的发展目标，鼓励企业参与"小而美、惠民生、见效快"的项目，稳妥开展健康、绿色、数字、创新等新领域合作，培育合作新增长点。《"十四五"规划和2035年远景目标建议》中，提出"推动共建'一带一路'高质量发展"，聚焦关键通道和关键城市，有序推动重大合作项目建设，将高质量、可持续、抗风险、价格合理、包容可及的目标融入项目建设全过程。2021年，习近平主席提出全球发展倡议，倡导各国加强在发展筹资、气候变化和绿色发展、工业化、互联互通等重点领域的合作。党的二十大报告中再次强调推动共建"一带一路"高质量发展，政策导向明确，为对外承包工程行业发展指明了方向。

商务部、国家发展改革委、人民银行等部门先后出台有关支持我国对外承包工程行业高质量发展、倡导绿色转型的文件，为行业高质量发展擘画了新阶段的发展方向和路径。国内金融机构积极推进融资和服务创新，有序推进人民币国际化。2023年是"一带一路"倡议提出10周年，中国将举办第三届"一带一路"国际合作高峰论坛，有利于相关行业政策的优化和项目的推动。

（二）多双边经贸合作安排将持续释放市场潜力

截至2023年1月6日，中国已经同151个国家和32个国际组织签署200余份共建"一带一路"合作文件，合作文件不断调整和深化，基础设施合作作为重要组成部分将迎来更加广阔的合作前景。《区域全面经济伙伴关系协定》（RCEP）正式生效，有利于实现区域产业链的联通，跨境基础设施的需求进一步加大。随着非洲大陆自贸区的稳步推进，相关国家工业化建设和基础设施建设需求将得到释放。习近平主席在首届中国—阿拉伯国家峰会上提出中阿务实合作"八大共同行动"，并表示要加强发展战略对接，高质量共建"一带一路"，要巩固经贸、能源、基础设施建设等传统合作，做强绿色低碳、健康医疗、投资金融等新增长极，为中阿合作指明了方向。

新能源、节能环保、新型基础设施建设等领域合作蓬勃展开，我国全年与相关国家签署绿色发展、数字经济、蓝色经济等领域投资合作备忘录31个，为共建"一带一路"拓展了更大发展空间。与相关国家新建了12个贸易、投资和服务贸易合作机制。中非合作"九项工程"以及与东盟国家共建经贸创新发展示范园区等重点合作有序推进。我与相关国家的自贸协定也正在扩大签署或者更新调整中，将为多双边合作中的自然人流动、投资等多个领域提供便利。

（三）国际基础设施投资建设需求有望逐步释放

全球基础设施投资仍将保持较高水平。二十国集团发布的《全球基础设施展望》报告预测，2022—2040年，全球基础设施投资支出预计将达到63万亿美元。从需求端来看，全球基础设施投资需求达75万亿美元，其中亚洲基建投资占比将高达59%，投资需求最为旺盛。多个国家出台的以基建投资为重点的经济刺激计划，以及十余个国际组织发起的基础设施投资倡议，对于国际基建市场的提振已经初见成效。同时，国际大宗商品价格的上涨，将有望提振部分资源富集国家的经济发展，推动相关国家基建市场逐步复苏。惠誉解决方案公司2022年12月预测，2023年全球建筑业实际产出同比增长2.2%，其中撒哈拉以南的非洲地区需求增速最快，为5.7%；中东、北非地区增速次之，为5.1%，在经济结构多元化发展下，沙特阿拉伯、科威特以及其他海湾国家市场基建市场加速；亚太地区增速约为3.8%。从专业领域来看，各国对互联互通、可再生能源、工业化建设、信息通讯、民生水务等基础设施建设需求旺盛，有关需求与中国企业优势领域高度契合。同时，全球可持续及绿色金融广受关注，并呈现出融资需求加大、标准提升、碳交易覆盖面扩大、ESG投资主流化、信息管理水平提升等发展趋势。

（四）行业绿色和数字化转型发展潜力巨大

一是绿色低碳转型机遇凸显。为应对气候变化、实现"双碳"目标，以清洁、高效、可持续为目标的高质量基建项目成为各国优先支持的重点。全球能源向低碳、绿色转型催生新的市场空间。主要国家和地区纷纷提高应对气候变化的自主贡献力度，超过40个国家和地区明确"碳中和"发展目标，全球可再生能源发展迎来更加有利的外部环境，能源转型进程明显加快，大力发展可再生能源成为全球能源低碳转型的主导方向。如沙特的"绿色中东"和"绿色沙特"倡议计划，致力光伏发电和绿氢蓝氢项目；印尼提出"退煤"方针，试点碳税和碳交易机制，加快绿色低碳转型；摩洛哥政府计划在2040年将可再生能源占电力总装机容量的占比提高至70%，并与多家企业签订开发协议等；纳米比亚"团结繁荣计划第二期"将绿色能源作为发展重点。截至2021年底，全球已经有166个国家制定了可再生能源发展目标，主要能源企业也纷纷加入转型可再生能源的行列。中国企业在清洁能源领域产业链完整、技术实用的优势正逐步转化为市场优势。

二是数字化催生新的机遇。兼具数字化、智能化、绿色化的基础设施建设，正在成为国际基础设施投资合作的重要方向，智慧城市、绿色建筑等基础设施建设和改造需求将为行业发展提供新的空间。如泰国推行新的经济发展模式，提出的"泰国4.0"发展战略中将打造智慧城市作为核心支柱。物联网、建筑信息模型（BIM）、云计算、增强现实技术、虚拟现实和人工智能等技术的使用，将显著提高供给质量，提升经营效率，降低运营成本。

三是产业结构调整和供应链需求巨大。全球范围内出现产业链重构、转移以及本土化发展趋势。近年来，全球产业链供应链的安全稳定运行受到重大冲击。主要经济体纷纷出台政策措施，加速向高附加值、中高端转型升级，保障产业链供应链安全成为关系国家长远发展的战略考虑。亚非发展中国家经济发展和产业结构调整的发展诉求强烈，多国根据各自资源禀赋和发展基础，为维护自身经济社会发展安全，建立或强化相关领域的工业体系，发展中国家的工业化速度加快，带动了大量的产业发展和基础设施建设需求。工业领域国际产能合作是我国的独特优势，也是发展中国家希望借鉴我国发展经验和发展路径的领域。依托独立完整的工业体系，中国企业有能力提供有竞争力的工业化项目服务，为发展中国家的产业链和供应链建设提供支持。

（五）国内产业发展和企业积极转型发展培育新的发展动力

中国深度参与全球产业分工与合作将为行业发展提供有力支持。我国在能源、矿产、装备制造业、信息技术等领域已经形成了产业优势，国内正在推动绿色低碳转型和新型基础设施建设，制造业升级、新兴产业、新技术、新业态快速发展，工程建设企业与技术类、制造类及服务类企业广泛对接和跨界合作。会员企业依托国内的技术进步、管理提升、转型升级，不断提升境外业务的竞争实力。

中国企业在巩固现有市场地位的基础上，不断推动落实高质量发展的目标、任务和各项具体举措，加大资源整合力度，推动转型发展，通过新合作模式、新业务领域、新合作方式的创新，持续拓展市场空间，培育行业转型升级新的增长点。在保持业务增量的同时，不断提高发展质量。

二、行业发展所面临的各类风险挑战

当前，全球政治格局深度调整，国际经济复苏艰难，部分国家大量缩减基础设施建设财政投入，企业经营成本大幅上升，中国对外承包工程行业面临较大的发展压力与新的挑战。

（一）国际政治环境更加复杂严峻

乌克兰危机久拖不决深刻影响全球政治格局，国际局势不稳定性和不确定性显著增加，现有国际规则、标准进入多方角力的动荡期，企业面临着更加复杂的国际政治经济环境。近年来，美西方相继推出"蓝点网络""重建更美好世界""全球门户""繁荣非洲""美洲增长""全球基础设施和投资伙伴计划"等合作计划，抢占国际产业发展前沿领域，利用规则、环保和债务等问题与"一带一路"倡议，以及我国在发展中国家的基础设施合作等形成竞争，引发部分国家对与中国企业合作存在疑虑，同时，加大对中国企业海外反腐败、出口管制、经济制裁等的执法力度，中国对外承包工程行业发展面临的外部政治风险显著上升。

（二）国际基建融资瓶颈更为突出

全球经济增长预期下降。根据联合国 2023 年 1 月 25 日的《2023 年世界经济形势与展望》报告，全球经济增速预计为 1.9%，为数十年来增速最低的年份之一。国际石油、天然气、粮食等大宗商品价格高位波动，国际产业链供应链遭受严重冲击，各国经济衰退风险明显升高，部分发展中国家如斯里兰卡经济发展遭受重创。

债务风险积重难返影响深远。根据国际货币基金组织、联合国贸发会议等统计，2022 年一半以上低收入国家、三分之一新兴市场和中等收入经济体已逼近债务违约，债务危机将成为全球未来十年最严重的潜在财政风险。部分亚非拉发展中国家债务率超过 60%，部分国家提出缓债或债务重组要求，出现或面临对外支付外汇枯竭、债务违约，部分国家的主权信用降级，主权债务违约风险明显加大。

国际基建融资缺口持续扩大。金融机构避险情绪上升，投资意愿下降，因此引发的市场萎缩、审批放缓、支付中断等问题长期存在，中国企业的融资能力和信心受到影响，导致境外项目开发和执行面临空前压力。由政府主导的主权类融资项目减少，投建营一体化、投资拉动项目已成为众多国家开展基础设施建设的首要选择。受近年经济形势、疫情蔓延以及部分国家进入债务还款高峰期等因素的影响，部分市场项目发包量明显减少，出于风险防控的需要，国际金融机构暂缓或停止基建项目贷款的现象屡见不鲜，基建资金缺口呈继续扩大趋势。国际承包项目数量和投融资金额下行，存量博弈使企业间竞争压力陡增，行业总体利润率呈下滑趋势。

（三）境外安全形势进一步恶化

地缘冲突影响政局稳定，部分国家和地区之间的关系高度紧张。2023 年，阿根廷、尼日利亚、刚果（金）、缅甸、柬埔寨、泰国、孟加拉国、土耳其等我重点合作国别将举行政府大选，政府换届对正在推动和履约项目将产生重大影响。部分国别频繁发生社会安全事件。外交部在 2022 年作出 23 次安全风险提示，其中包括巴基斯坦、尼日利亚、缅甸、斯里兰卡、墨西哥、哥伦比亚等中国企业海外项目集中的重点国别。

（四）国际工程项目履约风险日益突出

疫情使项目履约风险集中释放，国际工程企业普遍面临工期延误、成本上升、汇率波动、人力资源短缺等多重风险。

企业经营成本大幅攀升。由于供需矛盾、美元超预期加息造成发展中国家多国通胀高企等原因，全球物流价格高位运行，项目实施中的原材料、机械、设备、相关服务等价格高企。2023 年，通胀和大宗商品价格将继续维持高位，国际货币基金组织预测 2023 年全球通胀率将达到 6.6%。石油、天然气等能源价格指数、食品价格指数高位运行，通胀高企和大宗商品价格推高项目履约成本，难以实现调价和补偿疫情对经济社会冲击的外溢效应，项目履约和索赔风险凸显，盈利空间下降甚至出现亏损，现金流出现中断，严重影响经营的安全性。

收汇风险加大。2022 年，约 90 个发展中国家的货币对美元贬值，其中超过三分之一的国家货币贬值超过 10%。相关市场已执行项目收汇风险增大，非美元结算和支付项目遭遇汇兑损失，跟踪项目融资难度提升。当前大部分国际工程项目不接受汇率波动调价机制，企业应对汇率波动风险较为困难。

人力资源面临挑战。人员跨境流动成本虽有回落但仍大幅高于疫情前水平，但当前企业员工外派意愿下降，国际化人才短缺成为影响国际工程业务的重要因素。根据统计，2022 年工程项目年末在外人数 21.68 万人，较 2019 年底在外人数下降了 41%，国际工程面临着人力资源短缺的严峻挑战。

（五）企业业务转型发展面临压力

针对当前全球基建业务发展呈现的投建营一体化、绿色发展和融合发展的需要，企业亟须因时而变，探索新的转型发展路径。但培育新的竞争力和发展动能需要时间，换挡期间出现发展动力不足等问题。在政策性资金紧缩形势下，企业在项目开发、自主融资和资源整合等方面的压力进一步加大，向上游设计、咨询和工程监理、下游运营管理等两端领域的延伸拓展遇到了较大困难，产业链优势未充分发挥，尚未形成合力和整体优势，属地化管理、跨文化沟通、风险管控等面临挑战。

（六）国内支持走出去的政策体系有待完善

近年来，相关政府主管部门出台多项支持走出去的政策，为支持企业妥善应对疫情风险和外部挑战发挥重要作用。但是，企业普遍认为，有关支持和保障走出去发展的政策体系还有待进一步完善。例如，对外投资的主业限制、对外投资项目审批周期长、政策性资金锐减、出口信用保险费率高等问题，一定程度上影响中国企业海外业务的发展。中国企业在业务转型、新旧模式转换过程中，迫切需要绿色低碳转型、数字化转型以及产能、技术走出去方面的政策支持。

第三节 推动行业高质量发展的工作建议

面对我国对外承包工程行业发展所面临的新特点、新要求、新形势，行业需要由成本驱动型向创新驱动型转变，培育合作创新、融资创新与技术创新，打造行业发展的新动力。中国企业作为市场主体，要按照高质量发展的要求，精准把握行业所处的新发展阶段，分析研判内外部发展环境，提升创新发展能力水平，不断培育竞争新优势、培养发展新动能、增强核心竞争力，实现业务的高质量可持续发展。

一、优化业务发展布局，培育新的业务增长点

坚持企业国际化发展不动摇，积极跟踪培育项目，加强区域和国别统筹，优化业务发展布局。着力巩固亚非等传统市场，加大中东欧、拉美地区市场开拓力度。深挖"一带一路"重点国家的基建潜力，发挥产业优势，跟踪相关国家经济刺激政策以及相关基础设施建设规划，特别是后疫情时代亚洲、非洲等重点区域市场的民生、交通、医疗、通讯、新能源、绿色环保等领域的项目信息，推动建设符合东道国发展目标、经济有回报、环境友好、社会效益良好、抗风险能力强的可持续基础设施项目，谋划产业布局，培育新的业务增长点，确保业务发展稳步增长。

二、注重投建营一体化发展，推进业务转型升级

当前 BOT、PPP 等投资拉动、投建营一体化模式正成为亚非拉国家开展基础设施建设的必然选择。积极鼓励企业以 BOT、PPP、投建营一体化等投资模式带动业务发展，加大业务模式创新力度，探索符合自身业务发展特点的转型升级方式和路径，增强海外基建项目"投融资 + 建设 + 运营"一体化发展的能力。进一步发挥规划设计咨询的引领作用。积极探索符合各方发展诉求的新业务模式，注重对接国际上普遍认可的规则标准，由被动跟踪项目向主动设计项目、运筹项目转变，软硬实力结合，拓宽项目来源。

推进对外承包工程与产业融合发展模式，提高综合竞争力和项目综合收益。依托我国能源、矿产、装备制造业、信息技术等优势产业，以及制造业升级、新兴产业、新技术、新业态快速发展等优势，发挥商务资源和市场渠道优势，积极参与产业规划

和综合投资，加强与国内产业投资和相关优势领域的企业和资源合作。充分结合东道国城市化、工业化发展等需求，将基础设施建设与区域综合开发、当地工业建设、矿产资源、绿色农业等开发和境外工业园区建设相结合，积极探索综合开发运作模式，不断提升项目的综合收益。

三、紧抓低碳化、绿色化、数字化转型发展机遇

提升绿色可持续发展能力，积极探索绿色发展新路径，加强科技创新，把绿色发展的概念贯穿项目开发与建设运营的全过程，建设绿色低碳项目。推动产业链实现网络化、数字化、智能化发展，加快与传统基建的融合。推动以大数据、互联网、人工智能、智慧城市、智慧交通等为代表的新基建业务发展；围绕数字产业化和产业数字化发展机遇，不断推动传统基础设施建设的智能化、数字化升级改造，充分利用信息技术，解决建设过程中安全、成本、进度和质量等问题，提升项目经营效率、降低运营成本。

四、加强产融合作，提升金融资源整合能力

对外承包工程行业的转型发展，需要充分发挥金融机构在国际基建业务升级转型中资源配置的重要作用。金融机构、企业等各利益相关方通过产融结合模式，以银团、联合融资、股权参与等方式共同参与可持续基础设施建设，发挥金融机构的渠道资源，通过促进分工配合、技术合作、组建联合体等方式搭建中国企业、中外企业的桥梁纽带，构建产融合作新生态。充分利用政策性资金的引领和撬动作用，灵活使用银团贷款、联合融资、转贷款等方式，带动更多商业性金融资源投入市场合作，吸引多边开发机构、发达国家金融机构参与。根据投建营一体化、绿色低碳、"小而美"等项目和参与企业的融资需求，不断创新融资模式。同时，利用金融机构的渠道和专业优势，提供全过程风险预警服务，应对和化解可能产生的风险。

五、深化多方合作，强化协同发展

融合发展是中国企业应对日趋复杂的国际环境，化解项目所在国的民主政治、民生就业、排外思潮、安全风险等诸多挑战的有效途径。一方面，要与属地共同发展。当前，中国企业切实加强属地化经营，行业外籍员工雇用比例保持在75%以上，多数项目的本地化采购率超60%，保持了疫情期间业务的稳定发展。中国企业应持续高效配置国别属地可用资源，不断提升属地化经营管理的层次和深度。另一方面，要深入推进第三方市场合作。发挥中外各方比较优势，积极拓展国际合作渠道，在设计咨询、金融服务、项目运营等领域深挖第三方市场合作潜力，实现互利合作和共同发展。

六、强化风险管控能力，夯实业务发展基础

面对当前国际业务风险加大的趋势，中国企业要充分做好市场调研和形势预判，对政治、经济、安全等多方风险进行全面评估，加大项目可行性研究的力度和精准度。加强项目风险评估和预警，提升海外安全风险的评估、防范和处置能力，提升项目和人员安全保护，保障业务的可持续发展。健全海外合规管理体系，有效控制合规和法律风险。积极响应国际社会对企业在法律、法规、道德、社会责任等方面要求，积极应对大国博弈加剧所带来的复杂、严峻外部环境。

第二章

地区市场业务情况

第一节 亚洲市场

面对全球通胀、乌克兰危机和疫情等冲击，2022年亚洲经济增速有所放缓，但依然是全球经济增长的重要引擎。据国际货币基金组织（IMF）预测，2022年亚洲新兴市场和发展中经济体的经济增速将达到4.4%，高于全球3.2%和发达经济体2.4%的增速。区域动荡、疫情和供应链扰动等影响并未阻止亚洲经济一体化的前进步伐，生产、贸易、投资和金融的深度融合提升了亚洲各国国民收入和人民福祉，也为中国企业在亚洲相关国家（地区）开展对外承包工程业务创造了新机遇。

一、市场概况

一是亚洲各国以合作促发展，业务开展宏观环境趋好。 2022年1月，《区域全面经济伙伴关系协定》（RCEP）生效实施，标志着全球最大自由贸易区正式启航，充分体现各方共同维护多边主义和自由贸易、促进区域经济一体化的信心和决心。RCEP的生效对中国对外承包工程业务产生多方面积极影响，为中国企业在其他缔约国开展业务提供了更有利的外部环境，有利于中国企业进一步拓展合作空间，降低运营成本，企业工作人员跨境流动也将更为便利。除推进区域经济一体化外，亚洲各国还致力于增强政治与安全合作。上海合作组织成员国元首理事会、亚洲相互协作与信任措施会议，以及俄罗斯—中亚国家领导人峰会等活动的举办，为增进地区和平、安全和稳定发挥了积极作用，为中国企业开展承包工程业务开展提供了良好的宏观环境。

二是基础设施融资缺口扩大，融资瓶颈问题依然突出。 2022年，亚洲多数经济体基本面总体稳定，但也存在新兴市场和发展中经济体复苏不均衡、主权债务风险高企等各类问题，例如斯里兰卡、巴基斯坦等国已经出现或即将面临主权债务违约。部分国家基础设施建设投资规模及发展空间受限，提供逆周期定向财政支持的能力下降，希望吸引私营资本和国际资本开展本国基础设施建设。而投资者对通货膨胀、疫情冲击和财政紧缩等持续担忧,对开发类项目的热情有所下降。中国企业的融资渠道目前仍较为单一,以出口信贷和主权担保贷款为主,基础设施建设项目的融资难问题依然突出。

三是各国承包商参与度较高,基建市场竞争愈发激烈。一方面亚洲很多国家的本地承包商具有较强实力。例如泰国前10名承包商基本承揽了本地大型项目和政府项目,且报价非常具有竞争性;菲律宾本地承包商在住宅建设、桥梁、道路等方面拥有较强实力,占据绝大部分住宅建设市场份额;马来西亚建筑业起步较早,培养了大批有实力的本地承包商,且要求本国资金项目不得由外国承包商总包;沙特本地承包商具有一定实力,在道路、市政、住宅建设等领域占有较大市场份额。另一方面,欧美、日韩承包商在亚洲市场竞争力较强。例如日韩企业在东南亚投资金额大、经营时间长、利益分布广,拥有不容忽视的竞争力,是中国企业在东南亚基础设施投资和建设的主要竞争者。欧美承包商凭借自身标准和技术规范等优势,在西亚地区具有较强竞争力并占有较大市场份额。

二、业务概况

(一)业务规模

2022年,中国企业在亚洲地区新签合同额1232.1亿美元,同比增长0.4%,占全年新签合同额的48.7%;完成营业额824.3亿美元,同比下降4.4%,占全年完成营业额的53.2%。2011—2022年亚洲市场承包工程业务走势见图2-1和图2-2。

(二)主要国别(地区)

新签合同额前20的国别(地区)中,乌兹别克斯坦、伊拉克、老挝、以色列和沙特阿拉伯等同比增幅较大;完成营业额前20的国别(地区)中,新加坡、乌兹别克斯

图2-1　2011—2022年亚洲市场承包工程新签合同额走势

图 2-2　2011—2022 年亚洲市场承包工程完成营业额走势

坦、沙特阿拉伯、中国香港和伊拉克等国家（地区）同比增幅较大。2022 年亚洲地区承包工程新签合同额和完成营业额前 20 国别（地区）市场排名见表 2-1。

2022 年亚洲地区承包工程新签合同额和完成营业额前 20 国别（地区）市场排名　　表 2-1

单位：亿美元

排名	国别（地区）	新签合同额	国别（地区）	完成营业额
1	印度尼西亚	142.5	中国香港	89.4
2	伊拉克	105.4	印度尼西亚	68.4
3	菲律宾	105.1	沙特阿拉伯	66.4
4	中国香港	98.6	马来西亚	64.0
5	沙特阿拉伯	97.1	孟加拉国	55.4
6	马来西亚	90.3	阿拉伯联合酋长国	53.9
7	越南	63.8	巴基斯坦	45.6
8	新加坡	53.2	新加坡	42.9
9	阿拉伯联合酋长国	48.0	菲律宾	33.9
10	哈萨克斯坦	43.0	伊拉克	33.8
11	蒙古国	41.0	越南	29.0
12	柬埔寨	36.7	泰国	26.3
13	乌兹别克斯坦	33.6	柬埔寨	22.5
14	巴基斯坦	32.7	印度	20.2
15	泰国	31.2	中国澳门	19.4
16	孟加拉国	30.4	以色列	17.3

续表

排名	国别（地区）	新签合同额	国别（地区）	完成营业额
17	斯里兰卡	21.6	乌兹别克斯坦	15.1
18	老挝	20.5	科威特	14.0
19	以色列	15.8	哈萨克斯坦	11.7
20	印度	14.3	土耳其	11.4

（三）专业领域

新签合同额方面，2022年中国企业在亚洲市场的一般建筑、石油化工、工业建设等领域新签合同额同比增长，交通运输建设、制造业加工设施建设、电力工程建设、通讯工程建设等领域同比下滑。完成营业额方面，工业建设、废水（物）处理、一般建筑、制造加工设施建设等领域同比增长，电力工程建设、水利建设、通讯工程建设、交通运输建设、石油化工等领域同比下滑。2022年亚洲市场承包工程业务领域分布见表2-2。

2022年亚洲市场承包工程业务领域分布　　　　表2-2

单位：亿美元

排名	专业领域	新签合同额	专业领域	完成营业额
1	一般建筑	334.9	交通运输建设	186.3
2	电力工程建设	199.8	一般建筑	169.8
3	交通运输建设	189.4	电力工程建设	157.5
4	石油化工	146.3	石油化工	92.5
5	工业建设	124.1	工业建设	67.6
6	其他	114.9	通讯工程建设	59.5
7	通讯工程建设	56.7	其他	38.8
8	水利建设	29.9	水利建设	22.5
9	制造加工设施建设	20.9	制造加工设施建设	20.1
10	废水（物）处理	15.4	废水（物）处理	9.6

（四）参与企业

2022年度对外承包工程企业亚洲地区30强见表2-3。

2022年度对外承包工程企业亚洲地区30强　　　　表2-3

排名	企业
1	中国建筑股份有限公司
2	中国交通建设集团有限公司

续表

排名	企业
3	中国电力建设集团有限公司
4	中国能源建设股份有限公司
5	中国港湾工程有限责任公司
6	中国铁建股份有限公司
7	中国中铁股份有限公司
8	中国电建集团国际工程有限公司
9	中国化学工程集团有限公司
10	中国机械工业集团有限公司
11	中国石油集团工程股份有限公司
12	山东电力建设第三工程有限公司
13	中国机械设备工程股份有限公司
14	中国电建集团山东电力建设有限公司
15	中国路桥工程有限责任公司
16	中国葛洲坝集团股份有限公司
17	上海电气集团股份有限公司
18	上海振华重工（集团）股份有限公司
19	中国石油工程建设有限公司
20	中国建筑第三工程局有限公司
21	中国土木工程集团有限公司
22	中国中材国际工程股份有限公司
23	中国石油管道局工程有限公司
24	浙江省建设投资集团股份有限公司
25	中国冶金科工集团有限公司
26	北方国际合作股份有限公司
27	中国电力技术装备有限公司
28	中国天辰工程有限公司
29	中铁十八局集团有限公司
30	中国能源建设集团天津电力建设有限公司

备注：排名以会员企业完成营业额为依据，一级企业包含下属企业完成营业额。

（五）主要项目

2022年亚洲市场承包工程业务新签合同额排名前20位的项目见表2-4。

2022 年亚洲市场承包工程业务新签合同额排名前 20 位的项目　　表 2-4

排名	国别（地区）	项目名称	企业
1	菲律宾	马尼拉博尼法西奥东城市改造项目	中国建筑股份有限公司
2	马来西亚	东海岸铁路项目	中国港湾工程有限责任公司
3	中国香港	社区隔离治疗设施 BLI- 设计及建造总包	中国建筑股份有限公司
4	斯里兰卡	离岸浮式 LNG 码头及天然气管道项目	中国港湾工程有限责任公司
5	菲律宾	苏比克湾城市综合体项目	中国路桥工程有限责任公司
6	中国香港	将军澳中医院及政府中药检测中心 BJY- 设计及建造	中国建筑股份有限公司
7	阿拉伯联合酋长国	Al-Dhafra 2100 兆瓦光伏电站建设项目	晶科电力科技股份有限公司
8	哈萨克斯坦	西图尔盖斑岩铜矿开采总包项目	中国电建集团国际工程有限公司
9	沙特阿拉伯	交通隧道（山区部分）二、三标段合并项目	中国建筑股份有限公司
10	新加坡	新加坡地区项目	中国交通建设股份有限公司
11	沙特阿拉伯	沙特麦地那基础设施开发项目（南北合并包）	中铁十八局集团有限公司
12	伊拉克	杜胡克省炼化项目工艺包	中国电建集团国际工程有限公司
13	印度尼西亚	阿曼 90 万吨 / 年铜冶炼项目	中国有色金属建设股份有限公司
14	马来西亚	丽阳云辉综合开发房建项目	中国电建集团国际工程有限公司
15	伊拉克	米桑炼化厂项目	中国电建集团国际工程有限公司
16	沙特阿拉伯	海上钻井作业项目	中海油田服务股份有限公司
17	印度尼西亚	东加里曼丹货运铁路项目	中国土木工程集团有限公司
18	中国香港	启德新急症医院（Site B）项目	中国建筑股份有限公司
19	泰国	电信项目	华为技术有限公司
20	越南	MK 奇英海上风电项目（400 兆瓦）	中国电建集团国际工程有限公司

三、区域市场概况

2022 年，亚洲各区域市场承包工程业务占比见图 2-3。

（一）东南亚地区

东南亚地区包括越南、老挝、柬埔寨、缅甸、泰国、马来西亚、新加坡、印度尼西亚、菲律宾、文莱和东帝汶等国家。

1. 业务概况

2022 年，受疫情持续等因素影响，中国企业在东南亚地区承包工程新签合同额和

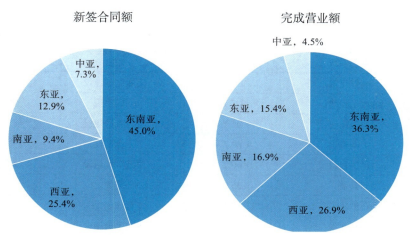

图 2-3　2022 年亚洲各区域市场承包工程业务占比

完成营业额均出现下降，新签合同额 554.6 亿美元，同比下降 8.9%，完成营业额 299.0 亿美元，同比下降 9.1%。业务领域集中在一般建筑、交通运输建设、电力工程建设、工业建设、通讯工程建设等领域。项目数量多、规模大、金额高，合同额 5 亿美元以上项目多达 10 余个。2022 年东南亚地区国别市场（地区）业务排名见表 2-5。

2022 年东南亚地区国别市场（地区）业务排名　　　　表 2-5

单位：亿美元

排名	国别（地区）	新签合同额	国别（地区）	完成营业额
1	印度尼西亚	142.5	印度尼西亚	68.4
2	菲律宾	105.1	马来西亚	64.0
3	马来西亚	90.3	新加坡	42.9
4	越南	63.8	菲律宾	33.9
5	新加坡	53.2	越南	29.0
6	柬埔寨	36.7	泰国	26.3
7	泰国	31.2	柬埔寨	22.5
8	老挝	20.5	老挝	7.3
9	缅甸	9.5	缅甸	3.3
10	东帝汶	1.1	东帝汶	0.8
11	文莱	0.6	文莱	0.7

2022 年东南亚市场承包工程业务领域分布见表 2-6。

2022 年东南亚市场承包工程业务领域分布 表 2-6

单位：亿美元

排名	专业领域	新签合同额	专业领域	完成营业额
1	一般建筑	146.4	交通运输建设	72.6
2	电力工程建设	112.6	一般建筑	51.2
3	交通运输建设	95.1	电力工程建设	49.1
4	工业建设	80.2	工业建设	44.4
5	通讯工程建设	40.2	通讯工程建设	40.7
6	其他	35.2	其他	14.6
7	石油化工	17.9	石油化工	12.4
8	水利建设	13.6	制造加工设施建设	7.1
9	制造加工设施建设	10.1	水利建设	4.0
10	废水（物）处理	3.5	废水（物）处理	2.8

2022 年东南亚市场新签合同额前 10 的项目见表 2-7。

2022 年东南亚市场新签合同额前 10 的项目 表 2-7

排名	国别	项目名称	企业
1	菲律宾	马尼拉博尼法西奥东城市改造项目	中国建筑股份有限公司
2	马来西亚	东海岸铁路项目	中国港湾工程有限责任公司
3	菲律宾	苏比克湾城市综合体项目	中国路桥工程有限责任公司
4	新加坡	新加坡地区项目	中国交通建设股份有限公司
5	印度尼西亚	阿曼 90 万吨 / 年铜冶炼项目	中国有色金属建设股份有限公司
6	马来西亚	丽阳云辉综合开发房建项目	中国电建集团国际工程有限公司
7	印度尼西亚	东加里曼丹货运铁路项目	中国土木工程集团有限公司
8	泰国	泰国电信项目	华为技术有限公司
9	越南	MK 奇英海上风电项目（400 兆瓦）	中国电建集团国际工程有限公司
10	老挝	孟松 600 兆瓦山地风电项目	中国电建集团国际工程有限公司

2022 年东南亚市场承包工程业务前 10 的会员企业见表 2-8。

2022 年东南亚市场承包工程业务前 10 的会员企业 表 2-8

排名	企业
1	中国交通建设集团有限公司
2	中国建筑股份有限公司
3	中国电力建设集团有限公司
4	中国港湾工程有限责任公司

续表

排名	企业
5	中国能源建设股份有限公司
6	中国电建集团国际工程有限公司
7	中国冶金科工集团有限公司
8	中国化学工程集团有限公司
9	中国中铁股份有限公司
10	中国铁建股份有限公司

备注：排名以会员企业完成营业额为依据，一级企业包含下属企业完成营业额。

2. 市场形势

东南亚市场需求整体稳健，发展前景广阔。区域市场呈现以下特点：

一是市场环境持续改善。 除缅甸国内局势仍处动荡状态外，绝大多数国家政局相对稳定，政策环境持续优化，市场开放度稳步提升。随着防疫措施的解除，原材料和劳动力价格得到有效控制，承包工程市场活跃度上升。虽然部分国家的疫情反复对当地经济造成一定影响，但得益于相对稳定的政治环境和发展强劲的制造业，东南亚地区经济快速复苏，带动地区市场环境的持续改善。

二是成本优势依然突出。 良好的疫情管控效果、积极的信贷政策以及基本稳定的货币利率，为东南亚地区开展基建项目控制经营和融资成本提供保证，并在"一带一路"沿线各区域中保持优势。其中，得益于多项投资优惠政策的实施、信贷便利度的提升和金融市场的稳定性，泰国成为"一带一路"沿线国家中基础设施发展成本优势最突出的国家。

三是市场需求稳步回升。 从细分领域来看，交通、能源、通讯、水务和公共卫生等领域的需求均有不同程度增长。其中交通领域需求增长最为显著，印度尼西亚、缅甸、柬埔寨、泰国、菲律宾等国对铁路的发展需求成为主要动力。同时，印度尼西亚、缅甸、泰国、菲律宾等国对电力的需求巨大。印度尼西亚政府积极吸引投资，出台优惠税率等措施，大力推进电力、交通、供水和公共卫生等基建项目建设，发展需求得到持续释放。

四是私人投资领域转向。 部分国家"碳中和""碳减排"加速推进，高碳排放的化石能源发电项目锐减，低碳可再生能源发电项目未能及时上马，导致电力项目私人投资占比下滑。另外，私人投资对水务基础设施投资兴趣进一步增强，在疫情扰动风险犹存的背景下，投资金额小、周期短、回报率较为稳定的水务设施建设项目更受私营资本青睐。

五是市场竞争继续加剧。 受地缘政治风险凸显、全球疫情反复、大宗商品价格持续上涨等因素影响，全球各区域的风险差异性愈发显著，企业扎堆进入热点地区导致行业竞争加剧，企业利润空间进一步压缩。其中东南亚市场热度维持高位，继续受各国基建企业关注，区域内基建行业内部竞争也持续加剧。

3. 发展展望

（1）东南亚国家积极优化政策和营商环境，一系列与基础设施相关的经济刺激计划进入实施阶段，发展基础设施依然是各国抵御经济风险、平抑社会矛盾的重要措施，为推动行业恢复发展提供了关键动力。印度尼西亚于2022年1月通过《国家首都法草案》，推出新建首都计划，保守估计投资340亿美元；马来西亚推出"第12个马来西亚计划"（2021—2025），将重点刺激交通、可再生能源以及水务等领域的新一轮发展。

（2）受新一轮技术革命及产业变革影响，区域基础设施合作模式推陈出新，催生新的市场机遇。绿色低碳和数字化技术为基建发展赋能，兼具数字化、智能化、绿色化特征的基建项目正成为各国发展基础设施的首选。现代化铁路、绿色交通、智慧城市等新型基础设施受到各国政府和民众青睐，不仅为提升东道国产业发展水平、促进全产业国际合作注入新动力，也为各国承包商带来难得发展机遇。

（3）"一带一路"倡议提出以来，东南亚各国积极响应，主动将其发展规划与"一带一路"倡议对接，并在中美贸易摩擦等大国博弈中保持相对中立、开放的务实立场。但与此同时，该地区仍受美、日、印等国不同程度影响，整体地缘政治局势复杂，各方在关键政府项目的竞争中持续激烈争夺。

（4）《区域全面经济伙伴关系协定》（RCEP）的签订在进一步带动我国机电产品进入其他缔约方市场的同时，还将有效降低对外承包工程企业采购装备和材料的成本。另外，RCEP有关技术法规将有助于我国技术标准向其他缔约国国内标准转化，技术标准互通将进一步降低中国企业与日、韩等发达国家企业合作的成本，利于各方发挥禀赋优势，在第三方市场合作中形成多赢局面。

（二）南亚地区

南亚地区包括印度、巴基斯坦、孟加拉国、斯里兰卡、尼泊尔、不丹和马尔代夫。中国是南亚各国重要的贸易伙伴，在基础设施建设和国际贸易中有较多合作。近年来，中国企业在南亚参与国际工程项目的模式趋于多元，经历了从分包到设计－采购－施工模式的总承包（EPC），到投融资的总承包（EPC+F），再到负责融资和后续运维的总承包（EPC+F+O&M）的变革，产融合作在当前国际承包工程市场大势所趋。以孟加拉国为例，中国企业在该国投资多个燃煤和液化天然气（LNG）电厂，配套码头工程基本都以EPC+F+O&M的模式开发，其次是集装箱码头开发，包括斯里兰卡东码头和西码头、孟加拉国吉大港港湾码头（Bay Terminal）等；企业以PPP模式签约达卡RAD高架桥项目等。

1. 业务概况

2022年，中国企业在南亚地区对外承包工程新签合同额115.7亿美元，同比下降

24.8%，完成营业额 139.5 亿美元，同比下降 16.0%，降幅明显。2022 年南亚市场国别业务排名见表 2-9。

2022 年南亚市场国别业务排名　　　　　　　　　　　　表 2-9

单位：亿美元

排名	国别	新签合同额	国别	完成营业额
1	巴基斯坦	32.7	孟加拉国	55.4
2	孟加拉国	30.4	巴基斯坦	45.6
3	斯里兰卡	21.6	印度	20.2
4	印度	14.3	斯里兰卡	9.9
5	尼泊尔	11.1	尼泊尔	5.6
6	马尔代夫	5.7	马尔代夫	2.8

2022 年南亚市场承包工程业务领域分布见表 2-10。

2022 年南亚市场承包工程业务领域分布　　　　　　　表 2-10

单位：亿美元

排名	专业领域	新签合同额	专业领域	完成营业额
1	交通运输建设	30.3	电力工程建设	54.4
2	电力工程建设	22.5	交通运输建设	37.2
3	一般建筑	17.9	工业建设	11.2
4	工业建设	14.3	一般建筑	8.4
5	其他	13.2	水利建设	6.9
6	石油化工	5.1	制造加工设施建设	6.2
7	水利建设	4.2	其他	5.6
8	通讯工程建设	3.6	通讯工程建设	4.6
9	制造加工设施建设	3.6	石油化工	4.2
10	废水（物）处理	1.1	废水（物）处理	0.8

2022 年南亚市场新签合同额前 10 的项目见表 2-11。

2022 年南亚市场新签合同额前 10 的项目　　　　　　表 2-11

排名	国别	项目名称	企业
1	斯里兰卡	离岸浮式 LNG 码头及天然气管道项目	中国港湾工程有限责任公司
2	巴基斯坦	卡拉奇项目	中国核电工程有限公司
3	孟加拉国	巴拉普库利亚煤矿包产项目	徐州矿务集团有限公司
4	尼泊尔	南兰科拉 260 兆瓦水电站项目	中国葛洲坝集团股份有限公司

续表

排名	国别	项目名称	企业
5	斯里兰卡	南亚东盟国际经贸文化服务中心项目	中国葛洲坝集团股份有限公司
6	巴基斯坦	大卡拉奇地区4号供水项目 KIV-PL1 标段	中国港湾工程有限责任公司
7	巴基斯坦	达苏水电站喀喇昆仑公路改线项目	中国土木工程集团有限公司
8	巴基斯坦	电信项目	华为技术有限公司
9	印度	西印度洋2022年MAGE公司Tapti&C-39区块海上三维OBN采集项目	东方地球物理勘探有限责任公司
10	尼泊尔	加德满都—特莱/马德什高速路项目-NR7-2	保利长大工程有限公司

2022年南亚市场承包工程业务前10会员企业见表2-12。

2022年南亚市场承包工程业务前10会员企业　　　表2-12

排名	企业
1	中国电力建设集团有限公司
2	中国能源建设股份有限公司
3	中国中铁股份有限公司
4	中国交通建设集团有限公司
5	中国建筑股份有限公司
6	中国葛洲坝集团股份有限公司
7	中国冶金科工集团有限公司
8	山东电力建设第三工程有限公司
9	中国电力技术装备有限公司
10	中国机械工业集团有限公司

备注：排名以会员企业完成营业额为依据，一级企业包含下属企业完成营业额。

2. 市场形势

尽管受疫情冲击较为严重，但南亚作为新兴经济体，凭借土地、劳动力成本以及欧美市场准入许可等优势，正与东南亚一起成为新一轮国际产业转移承接地。同时，南亚是"一带一路""孟中印缅经济走廊""中巴经济走廊"交叠区域，其港口是连接东南亚与阿拉伯、非洲航线的必经中转站，在连接中国东部沿海地区、东南亚、南亚、非洲和欧洲沿线国家和地区中起到承接作用。在"一带一路"倡议推动下，近年来国内各大港口运营商均积极参与海外港口的投资运营，中国企业均提前开展港口及临港产业园区等相关基础设施项目的策划和推动。

（1）区域未来投资潜力大

孟加拉国依托庞大的人口基数和丰富的劳动力资源，形成强有力的消费市场，承接全球产业转移，货物运输需求旺盛。目前已在吉大港规划拉迪亚多用途泊位、吉大港港湾（Bay Terminal）集装码头、玛塔巴瑞深水港等项目。同时，孟加拉国位于"21世纪海上丝绸之路""孟中印缅经济走廊"重叠区，与中国合作密切，投资前景良好。斯里兰卡位于东西方海运交通十字路口，是海上丝绸之路必经之地，区位优势明显，市场腹地广阔。斯里兰卡在南亚国家中发展水平相对较高，近年来与中国关系密切，基建行业投资潜力较大，目前正在规划建设FSRU码头、高尔港等港口码头项目，但受经济危机影响，项目推动滞后。印度位于世界航运航线上，地理位置优越，海岸线长约7517公里。海运处理了印度约70%的贸易，2022年处理货物16亿吨，海上贸易排名第18位。在2021—2022财年，印度和美国的贸易额达到创纪录的1194.2亿美元，占印度全球贸易总额的11.5%。美国已经超过中国，成为印度的主要贸易伙伴。马尔代夫距印度南部约600公里，离斯里兰卡西南部约750公里，26组自然环礁、1192个珊瑚岛分布在9万平方公里的海域，陆地面积298平方公里，国土面积11.5万平方公里。近年来，马尔代夫对50多个岛的码头进行了建设和改造，对航道也进行了疏浚，停靠的货船载重量更大，堆场存储空间进一步提升，贸易发展条件得到增强。

（2）南亚相关发展政策向好

以港口为例，印度在港口基础设施建设方面拟定了8项计划，为满足进出口货物的增长需求，在提供更优质且现代化的服务方面制定了相关计划；孟加拉国吉大港作为孟加拉国主要港口，为适应不断发展的需要，拟定了多个项目计划；斯里兰卡政府扩建科伦坡港，以满足国际航运业日益增长的服务需求，目前正在实施科伦坡港东码头和西码头项目；为满足不断增长的货运需求并释放马累港土地以进行商业开发，马尔代夫政府拟在斯拉夫士岛新建港口。以上项目均全球运营商公开招标，鼓励外商直接投资，并在土地、税收、定价、收入分配机制等方面推出相关优惠政策。

3. 发展展望

南亚地区同中国经贸联系日益密切，受益于独特地理位置，南亚已成为全球经贸新格局中至关重要的一环。中国对南亚的直接投资与双向贸易势头良好，二者在保持高速增长的同时，交流合作领域逐步拓展。

目前，中国企业在改善南亚基础设施与营商环境、创造就业岗位、增加税收等方面发挥积极作用，实现了较好的经济效应与社会效应，为双边经贸合作打造了坚实稳固基础。中国同南亚的双边贸易以产业间贸易为主，中国主要出口机电、化工等工业制成品，进口矿产品、纺织品等初级产品，一定程度上反映出双方垂直化的国际分工。中国与南亚存在较强的经济互补性，投资与贸易构成双方共享经济资源、实现共同发展的重要纽带。

（1）双向贸易与中方投资有望增加

增加双向贸易、提升中方投资是未来实现中国与南亚各国合作共赢的重要路径，中国企业同南亚各国双向贸易总量有望增加，中方直接投资的整体水平将进一步提升。通过加强同南亚各国和南盟的对话与合作，借助"一带一路"倡议带来的利好，增加其进口的种类与总量。同时，中国企业可以适当加大对制造业、能源供应业等领域的投资，保障和改善当地雇员的工资待遇与生活条件，为当地经济发展和人民生活水平提高贡献中方力量，实现互利共赢和共同发展。

（2）地缘政治和安全风险带来挑战

南亚的政治局势复杂多变，中国在南亚区域的合作一直面临巨大挑战。三年疫情使南亚政治安全形势趋于恶化，主要体现在：一是地区传统安全形势仍然不容乐观，中国企业在当地的经商环境存在一定风险；二是水资源危机和极端天气风险上升，增加了地缘政治的不稳定性。尤其是印度和巴基斯坦等国家，极端天气频发给中国企业在当地施工建设带来一定阻力。

（3）投资运营风险高增加不确定性

南亚的投资运营风险相对较高，由于受自然和地理等因素制约，南亚工业基础薄弱，资源承载能力有限。特别是巴基斯坦、尼泊尔等国生态条件较为脆弱，中国企业在大型基础设施项目的建设、运营和管理成本较高。此外，长期能源短缺和官僚主义等也给投资运营增加了不确定性。

（三）西亚地区

西亚地区位于欧亚非三大洲结合部，包括阿富汗、伊朗、土耳其、塞浦路斯、叙利亚、黎巴嫩、巴勒斯坦、约旦、以色列、伊拉克、科威特、沙特阿拉伯、也门、阿曼、阿拉伯联合酋长国、巴林和卡塔尔等国家。

1. 业务概况

2022年，中国企业在西亚地区对外承包工程业务新签合同额312.7亿美元，同比增长40.0%，占比25.4%；完成营业额221.6亿美元，同比下降3.1%，占比26.9%。2022年西亚市场国别业务排名见表2-13。

2022年西亚市场国别业务排名　　　　表2-13

单位：亿美元

排名	国别	新签合同额	国别	完成营业额
1	伊拉克	105.4	沙特阿拉伯	66.4
2	沙特阿拉伯	97.1	阿拉伯联合酋长国	53.9
3	阿拉伯联合酋长国	48.0	伊拉克	33.8
4	以色列	15.8	以色列	17.3
5	土耳其	13.1	科威特	14.0

续表

排名	国别	新签合同额	国别	完成营业额
6	卡塔尔	11.0	土耳其	11.4
7	科威特	7.2	阿曼	10.9
8	伊朗	6.7	卡塔尔	5.3
9	阿曼	6.6	伊朗	4.0
10	也门	0.6	巴林	2.4

2022年西亚市场承包工程业务领域分布见表2-14。

2022年西亚市场承包工程业务领域分布 表2-14

单位：亿美元

排名	专业领域	新签合同额	专业领域	完成营业额
1	石油化工	108.5	石油化工	64.4
2	一般建筑	75.3	电力工程建设	43.1
3	交通运输建设	48.8	交通运输建设	41.2
4	电力工程建设	41.2	一般建筑	37.6
5	其他	15.6	通讯工程建设	9.4
6	通讯工程建设	9.8	水利建设	8.7
7	水利建设	6.7	其他	8.1
8	制造加工设施建设	3.8	工业建设	5.2
9	工业建设	2.7	制造加工设施建设	3.2
10	废水（物）处理	0.2	废水（物）处理	0.7

2022年西亚市场新签合同额排名前10的项目见表2-15。

2022年西亚市场新签合同额排名前10的项目 表2-15

排名	国别	项目名称	企业
1	阿拉伯联合酋长国	Al-Dhafra 2100兆瓦光伏电站建设项目	晶科电力科技股份有限公司
2	沙特阿拉伯	交通隧道（山区部分）二、三标段合并项目	中国建筑股份有限公司
3	沙特阿拉伯	麦地那基础设施开发项目（南北合并包）	中铁十八局集团有限公司
4	伊拉克	杜胡克省炼化项目工艺包	中国电建集团国际工程有限公司
5	伊拉克	米桑炼化厂项目	中国电建集团国际工程有限公司
6	沙特阿拉伯	海上钻井作业项目	中海油田服务股份有限公司
7	伊拉克	油田油井作业项目	中海油田服务股份有限公司
8	伊拉克	杜胡克省炼化项目（公共设施包）	中国电建集团国际工程有限公司
9	沙特阿拉伯	红海公用事业基础设施项目	山东电力建设第三工程有限公司
10	伊拉克	九区原油中央处理设施项目	中工国际工程股份有限公司

2022年西亚市场承包工程业务前10会员企业见表2-16。

2022 年西亚市场承包工程业务前 10 会员企业　　　　　表 2-16

排名	企业
1	中国电力建设集团有限公司
2	中国铁建股份有限公司
3	中国建筑股份有限公司
4	中国石油集团工程股份有限公司
5	中国电建集团山东电力建设有限公司
6	山东电力建设第三工程有限公司
7	中国机械工业集团有限公司
8	中国交通建设集团有限公司
9	中国化学工程集团有限公司
10	上海电气集团股份有限公司

备注：排名以会员企业完成营业额为依据，一级企业包含下属企业完成营业额。

2. 市场形势

（1）**西亚各国面临的情况各不相同**。西亚地区包含众多阿拉伯国家，拥有丰富的石油和天然气资源。沙特阿拉伯和卡塔尔等国在政治上较为稳定，一直在积极投资基建项目。因乌克兰危机导致能源价格高涨，西亚国家在2022年财政收入普遍大幅超出预期，且有望在2023继续保持可观经济增长。因此，西亚国家有望在近几年加大基础设施投资力度，为当地和国际承包商提供机会。此外，西亚地区有相当一部分国家长期处于战争状态或有较大战争风险，如叙利亚与伊拉克等。这些国家虽有意愿进行基础设施建设，但政治风险、经济风险、投资风险和安全风险均处于较高水平，市场发展预期较低。

（2）**习近平主席访问带来发展机遇**。2022年12月，习近平主席出席首届中国—阿拉伯国家峰会、中国—海湾阿拉伯国家合作委员会峰会，期间签署《中华人民共和国和沙特阿拉伯王国全面战略伙伴关系协议》，发布《中华人民共和国和海湾阿拉伯国家合作委员会合作与发展峰会联合声明》等，开启了中国同阿拉伯国家关系的新时代。中阿务实合作"八大共同行动"中明确提出，中方将同阿方探讨实施总额为50亿元人民币的发展合作援助项目，结合阿方产能、基础设施、能源、绿色金融等领域项目融资需求，向阿方提供信贷和授信支持，支持亚洲基础设施投资银行向阿方提供更多高质量、低成本、可持续的基础设施投资。习近平主席的访问为中国企业在阿拉伯国家开展对外承包工程业务创造了良好宏观环境，提供了巨大发展机遇。

（3）**乌克兰危机变相利好经济发展**。乌克兰危机引发全球能源危机，导致全球能源价格显著上涨，西亚能源输出大国2022年公共收入普遍大幅增加。海湾合作委员会

（GCC）国家2022年经济增长6.9%，远高于世界平均经济增长。其中，2022年沙特国内生产总值（GDP）增长率为8.7%，卡塔尔财政部预计2023财年的收入为2280亿里亚尔，与2022年预算相比增长16.3%。其他石油及天然气资源丰富的西亚国家同样如此。鉴于乌克兰危机短期内彻底解决的可能性较低，西亚多数能源出口国将持续受益，市场发展将有较高预期。

3. 发展展望

整体来看，受益于乌克兰危机导致的能源价格上涨，西亚各能源出口国将持续获得高于预期的财政收入，政府极有可能加快本国基础设施建设速度。具体而言，域内重点国别市场将呈现以下发展趋势：

1）区域重点市场现汇项目发展趋势

一是基建领域发展潜力巨大。根据沙特阿拉伯2023年财政预算案，沙特基础设施及交通运输部门2023年的支出预算为340亿沙特里亚尔。内容涵盖道路、港口、机场、住房、通讯和信息技术、数据和人工智能、邮政、航天和工业城市建设，如朱拜勒、延布、吉赞等工业城市的建设。根据卡塔尔2023年预算，卡塔尔将启动22个新项目，总价值98亿卡塔尔里亚尔。两国财政预算显示出区域重点国别市场对基础设施建设的重大需求，预示着基础设施建设发展的强劲势头。

二是市场竞争强度持续增加。随着市场的逐渐开放和国际承包商的深度参与，中东地区建筑市场将面临更加激烈竞争。以沙特为例，本国市场素以标准高、要求严和竞争激烈著称。欧美大型跨国承包企业以法国万喜、西班牙ACS、德国西门子为代表；内斯玛、巴瓦尼等十几家大型承包商深耕本地多年，竞争力较强。沙特国内新能源或输水管道类项目一般参与方多达20余家，涵盖欧美、本地和中国承包商；巴林政府拟在2023年发包的巴林轻轨一期项目，参与并通过资格预审的联合体达11家，以欧美联合体为主。沙特对工程承包商划定不同专业和等级，承包商能承揽的项目规模受严格限制。资质申请时一般只承认沙特当地工程业绩，对于新进入沙特市场的外国企业而言，实际上形成了市场准入技术性壁垒。此外，沙特通过各种形式的"短名单"，控制进入市场的承包商和设备材料供应商的资格，加大了外国企业的参与难度。

三是技术规范逐步看齐欧美。西亚地区工程承包市场属于准高端市场，业主普遍采用的技术规范及标准以英标、欧标和美标为主，且对产品进口和质检要求严格。对于工程设计和材料，无论项目专业性强弱，在招标文件中通常要求承包商采用行业最佳标准或世界最佳实践，否则不予批准，要求近乎严苛。一些进口产品的参数要求甚至超过欧美标准，惩罚力度进一步加大。

2）区域重点市场投资项目发展趋势

随着PPP模式在世界范围内的大量实践，中国企业也开始在PPP模式上进行探索。具体而言，西亚区域重点国别市场投资项目将呈现以下三方面发展趋势：

一是针对PPP项目的法规不断完善。卡塔尔于2020年公布了本国的PPP法案，明确了政府将土地以租赁或使用收益权的方式交给承包商开发，合作模式主要包括 BOT、BTO、BOOT 和 OM 四种。项目招标采用的模式包括两阶段招标、根据既定清单或资格预审进行限制性招标、谈判采购、竞争性招标、竞拍和直接协议六种。项目合同的期限由双方协议确定，但一般不超过 30 年等 PPP 项目实践中重要的约定或条款，为卡塔尔日后实施 PPP 项目打下基础。

二是 PPP 项目将在多行业领域实施。 为响应沙特 2030 愿景规划，解决沙特人口稠密的农村地区污水处理问题，西门子 – 西屋电力公司（SWPC）在沙特全境发起 13 个 PPP 类小型污水处理厂及收集管网项目。卡塔尔也将在旅游、物流、教育和房地产等领域优先考虑通过 PPP 模式实施相关项目。2019 年 2 月，卡财政部、教育与高等教育部共同发布了卡塔尔学校项目 PPP 开发计划，拟以 PPP 模式在卡建设 47 所学校，项目整体分 4 个项目包实施。PPP 项目有望在西亚市场的多个行业领域实施。

三是清洁能源成为重点发展方向。 西亚地区多个国别市场都面临同一问题，即经济结构单一或能源收入占比过高。各国纷纷提出愿景计划以减少对石油等能源的依赖，能源结构向清洁能源、绿色能源及可再生能源转移。西亚地区多个国家已规划了能源转型所需要建设及维护的能源设施项目，此类项目通常对承包商的专业性要求较高，是中东多数国家未来重点投资方向。

（四）中亚地区

中亚地区包括哈萨克斯坦、乌兹别克斯坦、吉尔吉斯斯坦、土库曼斯坦和塔吉克斯坦。中亚与中国毗邻，具有深厚政治互信基础。2022 年是中国同中亚国家建交 30 周年，各方携手巩固政治互信，扎实推进各领域合作，切实维护了共同的安全和发展利益。中国同中亚五国战略伙伴关系的内涵不断丰富，共建"一带一路"成果日益充实，为各国人民带来实实在在的好处。中亚地区以其优越的资源禀赋、优惠的投资政策与中国的市场、技术、装备、资金形成良好互补，双方在矿产资源、冶金工业、化学工业等领域合作空间巨大。

1. 业务概况

2022 年，中国企业在中亚地区新签合同额 89.7 亿美元，同比增长 63.8%，占比 7.3%；完成营业额 37.2 亿美元，同比增长 17.1%，占比 4.5%。在中亚地区，中国企业的承包工程业务主要集中在哈萨克斯坦、乌兹别克斯坦，其中哈萨克斯坦的新签合同额排名第一，乌兹别克斯坦的完成营业额排名第一。2022 年中亚市场国别业务排名见表 2-17。

中国企业在中亚地区的承包工程业务主要分布在石油化工、电力工程建设、工业建设等领域。石油化工领域稳居完成营业额之首，占比接近三分之一；电力工程建设领域虽然位居新签约合同额第 2 位，但作为专业大项仍然保持优势，占比约 24%。从签约项目来看，前 5 大新签约项目中有 4 个是矿业资源开发类项目。2022 年中亚市场承包工程业务领域分布见表 2-18。

2022 年中亚市场国别业务排名

表 2-17

单位：亿美元

排名	国别	新签合同额	国别	完成营业额
1	哈萨克斯坦	43.0	乌兹别克斯坦	15.1
2	乌兹别克斯坦	33.6	哈萨克斯坦	11.7
3	塔吉克斯坦	9.2	塔吉克斯坦	4.7
4	吉尔吉斯斯坦	2.0	土库曼斯坦	4.1
5	土库曼斯坦	1.9	吉尔吉斯斯坦	1.7

2022 年中亚市场承包工程业务领域分布

表 2-18

单位：亿美元

排名	专业领域	新签合同额	专业领域	完成营业额
1	其他	26.2	石油化工	10.1
2	电力工程建设	21.5	电力工程建设	8.8
3	工业建设	20.7	工业建设	5.7
4	石油化工	10.0	交通运输建设	5.2
5	一般建筑	4.8	其他	3.4
6	交通运输建设	4.3	一般建筑	2.8
7	水利建设	1.9	制造加工设施建设	0.5
8	通讯工程建设	0.2	水利建设	0.4
9	废水（物）处理	0.1	通讯工程建设	0.2

2022 年中亚市场新签合同额排名前 10 的项目见表 2-19。

2022 年中亚市场新签合同额排名前 10 的项目

表 2-19

排名	国别	项目名称	企业
1	哈萨克斯坦	西图尔盖斑岩铜矿开采总包项目	中国电建集团国际工程有限公司
2	哈萨克斯坦	阿克莫拉州铁矿采挖项目 1 期项目	中国电建集团国际工程有限公司
3	乌兹别克斯坦	费尔干纳州 1500 兆瓦风电项目	中国葛洲坝集团股份有限公司
4	塔吉克斯坦	塔中矿业有限公司扩产工程	中国电建集团国际工程有限公司
5	哈萨克斯坦	奇力萨伊磷矿开采及建设项目	中国土木工程集团有限公司
6	乌兹别克斯坦	纳沃伊氮肥股份公司聚氯乙烯（PVC）和烧碱生产综合体建设项目（第二阶段）	中国化学工程第七建设有限公司
7	乌兹别克斯坦	布哈拉 1 吉瓦风电 EPC 项目	中国能源建设集团浙江火电建设有限公司
8	哈萨克斯坦	卡沙甘油田 10 亿标方/年天然气综合处理厂建设项目	华油惠博普科技股份有限公司
9	乌兹别克斯坦	500MWp/456.6MWac 光伏电站项目	中国机械设备工程股份有限公司
10	乌兹别克斯坦	2025 年塔什干举办第四届夏季亚洲青年运动会和第五届亚洲残疾人青年运动会现代体育场馆建设项目	中工国际工程股份有限公司

2022 年中亚市场承包工程业务前 10 会员企业见表 2-20。

2022 年中亚市场承包工程业务前 10 会员企业　　　　表 2-20

排名	企业
1	中国能源建设股份有限公司
2	中国葛洲坝集团股份有限公司
3	中国石油集团工程股份有限公司
4	中国石油工程建设有限公司
5	中国化学工程集团有限公司
6	中国天辰工程有限公司
7	中国交通建设集团有限公司
8	中国路桥工程有限责任公司
9	烟建集团有限公司
10	中国电力建设集团有限公司

备注：排名以会员企业完成营业额为依据，一级企业包含下属企业完成营业额。

2. 市场形势

（1）**各国经济逐渐回暖，合作发展需求旺盛**。从内部经济环境来看，中亚地区经济发展水平并不平衡。哈萨克斯坦、乌兹别克斯坦和土库曼斯坦经济实力较强，特别是乌兹别克斯坦近年发展后劲较大，其余国家经济实力较弱。中亚各国虽然自 2020 年疫情以来经济增速有所下滑，但随着疫情形势好转和全球大宗商品价格高企，各国财政压力有所缓解，经济均出现回暖，合作与发展的需求旺盛，投资吸引力有所增强。

（2）**乌克兰危机影响外溢，地区经济前景不明**。俄乌局势不断抬升全球地缘政治风险，引发显著的次生影响。一是受制裁风险激增，加剧全球供应链风险，中国企业承建的工程项目在履约、资金等方面不同程度受到影响。二是乌克兰危机加重全球粮食、能源和金融危机，而部分中亚国家在能源、粮食、化肥等方面高度依赖俄罗斯，汇兑等风险突出。

（3）**多边合作继续深化，安全发展增添动力**。在大国博弈、地缘危机交错的大背景下，中国秉持互利共赢、共同发展理念，通过上海合作组织、中亚区域经济合作（CAREC）、亚洲相互协作与信任措施会议（CICA）等地区多边合作机制，促进区域和平、安全与稳定，增进经济、社会和文化的交流与合作。在经济合作领域中，中国企业不断深化共建"一带一路"，加强互联互通基础设施建设，通过国际产能合作不断深化区域一体化建设。2022 年 6 月，"中国 + 中亚五国"外长第三次会晤在努尔苏丹举行，通过了《关于深化"中国 + 中亚五国"互联互通合作的倡议》，着眼构建全方位、立体化地区互联互通新格局，深化中国同中亚国家全方位互利合作，为中国和中亚互利共赢发展增添动力。

3. 发展展望

基于中亚地区整体形势，对在中亚地区开展承包工程业务提出如下展望和建议：

（1）**落实对接成果，推进区域合作质效双升。** 中亚地区作为共建"一带一路"的首倡之地和先行先试地区，十年来不断深度对接双边经济政策，契合国别发展区域需求，企业合作迸发活力。中国企业要不断深化优势互补的能源领域合作，以重大油气项目为抓手，持续深化油气产业链合作，奠定能源合作基础；相关部门要持续深化互联互通体系建设，进一步加强口岸通关能力建设，充分发挥跨境铁路运输等优势，提高通行及运输能力，不断推进国际公路运输便利化，建立起互联互通机制体系。

（2）**推进产能合作，落地绿色低碳转型项目。** 可持续发展、绿色低碳等理念成为全球共识，以"清洁、高效、可持续"为目标的高标准建设项目，成为各国优先支持的领域。中国和中亚国家均面临绿色、低碳、可持续发展的课题，可再生能源、清洁能源相关基础设施建设将为行业发展提供新空间和动力。中国在自身能源转型的同时，也可积极利用中亚地区丰富的风、光等资源优势，拓展新能源领域合作，帮助其实施节能减排和清洁替代，助力当地能源转型。与此同时，中亚国家高度重视气候变化和清洁能源发展，出台一系列可再生能源战略和法案，积极布局清洁能源产业。因此，中国企业与中亚国家在绿色低碳转型方面的合作空间潜力巨大。

（3）**关注资源开发，增进优势互补多元合作。** 中亚地区固体矿产资源丰富，各国优势资源各具特色，与中国具有很强的资源互补性。铜、镍、钾盐等矿种在全球占有重要地位，是中国较为紧缺的战略性大宗矿产。特别是当前正处于大宗商品价格高企的经济周期，与中亚地区国家开展重要固体矿产资源的勘查开发合作，将有助于缓解国内大宗矿产紧缺局面。中亚地区国别对矿业投资仍保持开放态度，但需注意该地区基础设施薄弱，项目开发效率不高，同时还应密切关注部分国别存在矿业政策转向风险。

（五）东亚地区

东亚地区包括朝鲜、韩国、蒙古国、日本和中国港澳台地区。2022 年，中国企业在东亚地区新签合同额 159.3 亿美元，同比下降 13.3%；完成营业额 127.1 亿美元，同比下降 17.5%。2022 年东亚市场国别（地区）业务排名见表 2-21。

2022 年东亚市场国别（地区）业务排名　　　　表 2-21

单位：亿美元

排名	国别（地区）	新签合同额	国别（地区）	完成营业额
1	中国香港	98.6	中国香港	89.4
2	蒙古国	41.0	中国澳门	19.4
3	中国澳门	11.4	蒙古国	8.3
4	韩国	4.3	韩国	5.2
5	中国台湾	2.3	日本	3.2
6	日本	1.8	中国台湾	1.6

2022年东亚市场承包工程业务领域分布见表2-22。

2022年东亚市场承包工程业务领域分布 表2-22

单位：亿美元

排名	专业领域	新签合同额	专业领域	完成营业额
1	一般建筑	90.5	一般建筑	69.8
2	其他	24.7	交通运输建设	30.0
3	交通运输建设	10.9	其他	7.1
4	废水（物）处理	10.5	废水（物）处理	5.3
5	工业建设	6.1	通讯工程建设	4.6
6	石油化工	4.9	制造加工设施建设	3.1
7	水利建设	3.5	水利建设	2.5
8	制造加工设施建设	3.3	电力工程建设	2.0
9	通讯工程建设	3.0	石油化工	1.5
10	电力工程建设	2.0	工业建设	1.1

2022年东亚市场新签合同额前10的项目见表2-23。

2022年东亚市场新签合同额前10的项目 表2-23

排名	国别（地区）	项目名称	企业
1	中国香港	社区隔离治疗设施BLI-设计及建造总包	中国建筑股份有限公司
2	中国香港	将军澳中医院及政府中药检测中心BJY-设计及建造	中国建筑股份有限公司
3	中国香港	BJZ-启德新急症医院（Site B）	中国建筑股份有限公司
4	中国香港	BLA-西铁锦上路站第一期物业发展项目	中国建筑股份有限公司
5	中国香港	河套应急医院和方舱医院建设项目	中建科工集团有限公司
6	中国澳门	黑沙湾新填海区P地段-地段A置换房建造工程	中国建筑股份有限公司
7	中国香港	启德1E区1号公营房屋发展项目	浙江省建设投资集团股份有限公司
8	蒙古国	东戈壁省图门艾力煤炭运输项目	中铁四局集团有限公司
9	蒙古国	东戈壁省图门艾力露天煤矿覆土剥离项目	中铁四局集团有限公司
10	蒙古国	东戈壁省图门艾力露天煤矿开采项目	中铁四局集团有限公司

2022年东亚市场承包工程业务前10会员企业见表2-24。

2022年东亚市场承包工程业务前10会员企业　　　　表 2-24

排名	企业
1	中国建筑股份有限公司
2	中国交通建设集团有限公司
3	浙江省建设投资集团股份有限公司
4	中国港湾工程有限责任公司
5	中国铁建股份有限公司
6	中国路桥工程有限责任公司
7	中建科工集团有限公司
8	中国电力建设集团有限公司
9	中国中铁股份有限公司
10	中国土木工程集团有限公司

备注：排名以会员企业完成营业额为依据，一级企业包含下属企业完成营业额。

第二节　非洲市场

非洲是中国对外承包工程的传统市场，根据美国工程新闻记录（ENR）2022 年发布的全球 250 家最大国际承包商榜单，中国企业占据 60% 以上的非洲市场份额，全球在非洲十大国际承包企业中有 6 家是中国企业。多年以来，在中非双方元首的亲自引领和顶层设计下，中非经贸合作实现了全方位、宽领域、多层次的发展，走在国际合作前列。中非合作进一步加强，共同推动构建高水平中非命运共同体。在中非经贸合作方面，中国已经连续 13 年稳居非洲第一大贸易伙伴国地位，非洲则是中国在全球第二大海外工程承包市场、第三大原油供应地和新兴的投资目的地。

一、市场概况

一是非洲经济重返增长轨道。非洲具有人口增长快、市场潜力大、矿物和能源储量丰富的优良禀赋，加快了经济结构转型、区域一体化，并持续推动数字经济发展。尽管受到疫情、乌克兰危机、极端气候等危机，但总体看非洲经济在过去两年显示出了相当的韧性。非洲开发银行测算，2022 年全非经济增速为 4.1%，略高于全球增速 0.2 个百分点。2023 年，非洲各国将继续发力新增长点，加快经济转型和一体化进程，非洲经济有望持续复苏。世界银行和 IMF 近期分别预测，2023 年撒哈拉以南非洲经济增速为 3.1% 和 3.6%。长期看，未来非洲仍有广阔发展前景和增长潜力，将为中国企业在非洲发展提供良好的机遇。各发达国家如美国、欧盟、日本以及新兴经济体俄罗斯、印度、土耳其、沙特、阿联酋等都不断加大了对非合作力度，并放大各自对非合作优势，对于非洲市场越来越重视。

二是非洲基础设施建设需求旺盛。 未来一段时间，非洲国家将继续采取经济刺激措施，加快经济多元化和一体化进程，探索新基建、数字经济等新经济的增长点，提高经济社会发展的包容性和韧性。非洲联盟以及各国政府充分意识到基础设施的缺失对于非洲的影响，将投资基础设施作为非洲经济发展的核心。近年来，非洲各国及有关区域组织纷纷出台加大基础设施投入的计划和措施。如为促进非洲基础设施发展，提高其互联互通程度，推进其区域一体化进程，非盟于2021年1月通过《非洲基础设施发展规划》（PIDA），整合了2021年—2040年非洲现有各类跨国跨区域基础设施发展规划，主要涵盖能源、交通、信息通讯和跨境水资源四大领域。PIDA投资总额预计为3600亿美元。

三是中非全面战略合作伙伴关系进一步深化。《中非合作2035年愿景》是中非双方首次共同制定的中非中长期的一个合作规划，"九项工程"是《愿景》的首个三年规划。2023年中非合作在继续实施推进卫生健康、减贫惠农、贸易促进、投资驱动、数字创新、绿色发展、能力建设、人文交流、和平安全"九项工程"的基础上，重点依托数字经济、健康经济、民生经济、中小企业来增强转型活力，特别是深挖数字经济的合作潜力。近年来，非洲数字经济发展需求旺盛，数字经济正在成为非洲国家经济发展的新引擎。中非数字经济优势互补，中国互联网企业可以大力开拓非洲市场，使数字经济和跨境电子商务成为中非合作的新增长点。

四是中非基建合作亟待提质升级。 随着非洲部分国家债务风险较高，基建开支大幅缩减，市场规模总量缩小，政策的内部倾向明显；全球疫情大流行对全球供应链产生冲击，造成项目成本大幅增加；市场空间有限，企业间竞争日趋激烈，同质化比较严重；中国企业在高附加值环节上参与较少，对非合作集中在产业中游的建筑施工、设备制造、安装等环节，在技术规范和标准、经营管理这些方面相较西方企业仍处于劣势，向上游设计、咨询和工程监理、下游运营管理等两端领域的延伸拓展存在较大困难。

中国企业在充分发挥各自资源和专业优势巩固传统市场的同时，加快企业转型升级，拓展业务领域，创新业务模式，增强核心竞争力，提高产业链参与度，向上游设计、咨询和工程监理、下游运营管理等两端领域延伸拓展，打造新的业务增长点。需要不断创新合作和融资模式，拓展三方或多方合作，深化资金融通，吸引多边开发机构、发达国家金融机构的参与，建立健全多元化投融资体系，加强企业之间、企业与国外企业、企业与国内国际金融机构之间的交流沟通，促进第三方合作。通过并购、合资、参股等方式，与外方企业共同在第三方市场开展投资，形成风险共担、利益共享的合作格局；吸引多边开发机构、发达国家金融机构的参与，拓宽融资渠道，分散融资风险；通过签署战略合作协议、建立战略合作联盟等形式在第三方市场开展工程、研发、制造、资本、人才等全方位、多领域、多层次合作，实现资源共享和优势互补，同时为第三方市场带来更多发展机遇。

五是需要高度关注安全风险。 近年来，非洲安全形势起伏波动，恐怖活动甚嚣尘上，各国经济发展的差距逐渐拉大，债务风险不断攀升，部分国家经济政策趋于保守，民族保护主义日益抬头。加之中美博弈影响加速向非洲外溢，企业在非洲面临的不确定明显增加。中国企业充分认识到当前形势的严峻性、复杂性，树立底线思维，增强风险防范意识，提高风险识别能力，在开展对非合作中更多考虑安全因素，统筹发展和安全。

二、业务概况

（一）业务规模

非洲是中国企业第二大承包工程市场，也是我设备、技术、标准走出去的重要目的地。2022年，中国企业在非洲市场新签承包工程合同额732.2亿美元，与我海外新签合同总额近三成，同比下降5.0%；完成营业额378.4亿美元，同比增长2.0%，止住了连续五年的下滑势头（图2-4、图2-5）。

图 2-4　2011—2022 年非洲市场承包工程新签合同额走势

图 2-5　2011—2022 年非洲市场承包工程完成营业额走势

从合作模式看，近年来中非基础设施合作稳步向投建营一体化模式转型，向运营管理等产业链高端延伸，不断增强项目的造血功能，减轻项目所在国的财政压力。同时，中国企业还以重大项目建设为依托，积极推动与非洲国家开展工程和产品标准的认证合作，对中国产品和技术出口具有重大的长远意义。

（二）主要国别

2022年非洲地区承包工程新签合同额和完成营业额前20国别市场（地区）排名见表2-25。

2022年非洲地区承包工程新签合同额和完成营业额前20国别市场（地区）排名　表2-25

单位：亿美元

排名	国别	新签合同额	国别	完成营业额
1	尼日利亚	99.6	尼日利亚	45.9
2	加纳	54.3	安哥拉	28.9
3	几内亚	53.1	阿尔及利亚	28.4
4	安哥拉	50.1	埃及	27.3
5	坦桑尼亚	46.7	刚果（金）	25.6
6	刚果（金）	43.3	肯尼亚	21.1
7	阿尔及利亚	39.8	埃塞俄比亚	15.8
8	科特迪瓦	33.5	科特迪瓦	15.7
9	埃及	33.0	坦桑尼亚	13.0
10	乌干达	30.5	加纳	12.9
11	埃塞俄比亚	30.2	几内亚	12.5
12	南非	23.3	赞比亚	11.5
13	塞内加尔	23.1	乌干达	11.1
14	肯尼亚	18.6	尼日尔	10.2
15	南苏丹	15.5	塞内加尔	7.8
16	刚果（布）	13.6	莫桑比克	7.5
17	莫桑比克	12.0	贝宁	6.7
18	赞比亚	11.4	喀麦隆	6.6
19	津巴布韦	11.4	乍得	6.6
20	厄立特里亚	9.5	南非	6.4

（三）业务领域

2022年，中国企业在非洲业务主要集中在交通运输建设和一般建筑领域，以上两个领域的新签和完成合计分别占非洲新签合同总额和完成营业总额的49.5%和54.4%。新签合同额方面，一般建筑、电力工程建设、水利建设领域和制造加工设施建设业务同比出现下降，其中电力工程建设和水利建设同比下降分别为 45.1% 和 37.9%；交通运输建设、工业建设、通讯工程建设、石油化工等领域业务同比均实现不同程度的增长；石油化工领域增长显著，同比增长达 143.5%。完成营业额方面，除交通运输建设、通讯工程建设和石油化工三个领域业务同比略有增长，水利建设、工业建设、一般建筑等领域业务同比都出现了下降。2022 年非洲市场承包工程业务领域分布见表 2-26。

2022 年非洲市场承包工程业务领域分布　　　　　　　　　　表 2-26

单位：亿美元

排名	专业领域	新签合同额	专业领域	完成营业额
1	交通运输建设	210.8	交通运输建设	117.9
2	一般建筑	151.5	一般建筑	87.7
3	其他	96.2	其他	37.4
4	石油化工	79.9	电力工程建设	33.0
5	电力工程建设	79.4	通讯工程建设	32.2
6	工业建设	50.0	石油化工	26.0
7	通讯工程建设	37.5	水利建设	21.8
8	水利建设	23.6	工业建设	17.0
9	制造加工设施建设	1.8	制造加工设施建设	4.1
10	废水（物）处理	1.4	废水（物）处理	1.3

（四）参与企业

2022 年度对外承包工程企业非洲地区 30 强见表 2-27。

2022 年度对外承包工程企业非洲地区 30 强　　　　　　　　表 2-27

排名	企业
1	中国交通建设集团有限公司
2	中国铁建股份有限公司
3	中国电力建设集团有限公司
4	中国中铁股份有限公司
5	中国土木工程集团有限公司
6	中国建筑股份有限公司
7	中国电建集团国际工程有限公司
8	中国路桥工程有限责任公司
9	中国港湾工程有限责任公司
10	中国石油集团工程股份有限公司
11	中国能源建设股份有限公司
12	中国葛洲坝集团股份有限公司
13	中国江西国际经济技术合作有限公司

续表

排名	企业
14	中国中材国际工程股份有限公司
15	江西中煤建设集团有限公司
16	中国建筑第八工程局有限公司
17	中交一公局集团有限公司
18	中国石油工程建设有限公司
19	苏州中材建设有限公司
20	中铁七局集团有限公司
21	中国石油管道局工程有限公司
22	中国河南国际合作集团有限公司
23	中国航空技术国际工程有限公司
24	山东高速集团有限公司
25	中地海外集团有限公司
26	中国机械工业集团有限公司
27	威海国际经济技术合作股份有限公司
28	中国山东国际经济技术合作有限公司
29	中铁九局集团有限公司
30	江西省水利水电建设集团有限公司

备注：排名以会员企业完成营业额为依据，一级企业包含下属企业完成营业额。

ENR2022年全球最大250家国际承包商榜单中（以2021年业务为依据），共有六家会员企业进入非洲市场业务前十名：中国交建居第一位、中国电建居第二位、中国建筑居第四位、中国铁建居第五位、中国中铁居第七位、中材国际居第九位。

（五）主要项目

2022年非洲市场新签合同额排名前20位的项目见表2-28。

2022年非洲市场新签合同额排名前20位的项目　　表2-28

排名	国别	项目名称	企业
1	坦桑尼亚	设计和建造电气化标准轨铁路（SGR）项目二期一标段——塔博拉至基戈马	中国土木工程集团有限公司
2	加纳	阿达石油炼化项目一标段	中国葛洲坝集团股份有限公司
3	安哥拉	卡古路卡巴萨水电站项目	中国葛洲坝集团股份有限公司
4	尼日利亚	AKK天然气管道工程	中国石油管道局工程有限公司
5	加纳	阿达石油炼化项目二标段	中国葛洲坝集团股份有限公司
6	加纳	阿达石油炼化项目三标段	中国葛洲坝集团股份有限公司

续表

排名	国别	项目名称	企业
7	尼日利亚	巴卡西港项目一期工程	中国港湾工程有限责任公司
8	科特迪瓦	建造15000套社会住房项目	中铁十六局集团有限公司
9	埃及	电信项目	华为技术有限公司
10	尼日利亚	电信项目	华为技术有限公司
11	南苏丹	朱巴-尼穆雷米轨铁路项目	中国港湾工程有限责任公司
12	几内亚	凯博铝矾土矿山开采项目	中国土木工程集团有限公司
13	几内亚	KEBO铝土矿铁路专用线建设项目	中国土木工程集团有限公司
14	尼日利亚	东线铁路修复改造项目	中国土木工程集团有限公司
15	埃塞俄比亚	索马里州水泥厂项目二期工程	中国葛洲坝集团股份有限公司
16	刚果（金）	金沙萨城市铁路项目二期（市内城轨交通网）设计和实施工程	中国电建集团国际工程有限公司
17	乌干达	Tilenga EPSCC项目合同	中国石化集团国际石油工程有限公司
18	刚果（布）	穆哈拉水电站及配套输变电项目	中国葛洲坝集团股份有限公司
19	南非	红石100兆瓦光热电站项目	山东电力建设第三工程有限公司
20	尼日利亚	阿比亚州综合农业产业园开发建设项目	中国电建集团国际工程有限公司

三、区域市场概况

2022年中国企业在北非、东非和中非的新签合同额有所增长；完成营业额方面，西非和南部非洲的增长在10%左右，其他区域完成营业额均有不同程度的下降。2022年非洲各区域市场承包工程业务占比见图2-6。

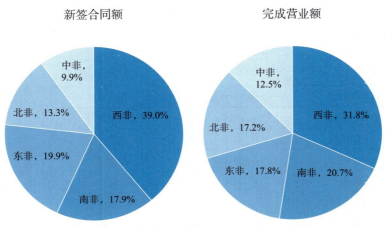

图2-6　2022年非洲各区域市场承包工程业务占比

(一)中西非地区

西非地区包括尼日利亚、加纳、科特迪瓦、毛里塔尼亚、西撒哈拉、塞内加尔、冈比亚、马里、布基纳法索、几内亚、几内亚比绍、佛得角、塞拉利昂、利比里亚、多哥、贝宁、尼日尔等;中非地区包括喀麦隆、赤道几内亚、刚果(布)、刚果(金)、乍得、中非、加蓬、圣多美和普林西比等。

1. 业务概况

受到国际局势、安全形势等多重因素的影响,中西非政治安全形势进一步复杂化,各类非传统安全挑战相互叠加,2022年中国企业在西部非洲国家新签合同额285.6亿美元,同比下降14.7%,完成营业额120.3亿美元,同比增长13.8%;中非地区新签合同额72.4亿美元同比增长10%,完成营业额47.4亿美元,同比下降4.3%。2022年中西非市场国别业务排名见表2-29。

2022年中西非市场国别业务排名 表2-29

单位:亿美元

排名	国别	新签合同额	国别	完成营业额
1	尼日利亚	99.6	尼日利亚	45.9
2	加纳	54.3	刚果(金)	25.6
3	几内亚	53.1	科特迪瓦	15.7
4	刚果(金)	43.3	加纳	12.9
5	科特迪瓦	33.5	几内亚	12.5
6	塞内加尔	23.1	尼日尔	10.2
7	刚果(布)	13.6	塞内加尔	7.8
8	喀麦隆	8.4	贝宁	6.7
9	乍得	5.2	喀麦隆	6.6
10	塞拉利昂	5.2	乍得	6.6

2022年中西非市场各专业领域业务分布见表2-30。

2022年中西非市场各专业领域业务分布 表2-30

单位:亿美元

排名	专业领域	新签合同额	专业领域	完成营业额
1	交通运输建设	108.7	交通运输建设	56.0
2	一般建筑	71.5	其他	23.1
3	石油化工	53.6	一般建筑	22.3
4	其他	43.4	石油化工	20.2
5	电力工程建设	33.6	通讯工程建设	12.7
6	工业建设	22.5	工业建设	12.0

续表

排名	专业领域	新签合同额	专业领域	完成营业额
7	通讯工程建设	13.4	水利建设	10.4
8	水利建设	10.3	电力工程建设	9.2
9	制造加工设施建设	0.7	制造加工设施建设	1.5
10	废水（物）处理	0.1	废水（物）处理	0.3

2022 年中西非地区新签合同额前 10 的项目见表 2-31。

2022 年中西非地区新签合同额前 10 的项目 表 2-31

排名	国别	项目名称	企业
1	加纳	阿达石油炼化项目一标段	中国葛洲坝集团股份有限公司
2	尼日利亚	AKK 天然气管道工程	中国石油管道局工程有限公司
3	加纳	阿达石油炼化项目二标段	中国葛洲坝集团股份有限公司
4	加纳	阿达石油炼化项目三标段	中国葛洲坝集团股份有限公司
5	尼日利亚	巴卡西港项目一期工程	中国港湾工程有限责任公司
6	科特迪瓦	建造 15000 套社会住房项目	中铁十六局集团有限公司
7	尼日利亚	电信项目	华为技术有限公司
8	几内亚	凯博铝矾土矿山开采项目	中国土木工程集团有限公司
9	几内亚	KEBO 铝土矿铁路专用线建设项目	中国土木工程集团有限公司
10	尼日利亚	尼日利亚东线铁路修复改造项目	中国土木工程集团有限公司

2022 年中西非市场承包工程业务前 10 会员企业见表 2-32。

2022 年中西非市场承包工程业务前 10 会员企业 表 2-32

排名	企业
1	中国交通建设集团有限公司
2	中国铁建股份有限公司
3	中国土木工程集团有限公司
4	中国中铁股份有限公司
5	中国石油集团工程股份有限公司
6	中国电力建设集团有限公司
7	中国港湾工程有限责任公司
8	中国中材国际工程股份有限公司

续表

排名	企业
9	中国路桥工程有限责任公司
10	苏州中材建设有限公司

备注：排名以会员企业完成营业额为依据，一级企业包含下属企业完成营业额。

2. 市场形势及展望

区域国家经济刺激政策催生市场机遇。中西非地区的经济复苏受疫情、政治环境、自然条件、科技水平等多方因素限制。为了拉动经济增长，2021年西非各国政府实施了相关的刺激政策，加速经济结构转型，促进经济一体化发展，推动经济加速复苏。中西非二十余个国家，各国经济情况不尽相同，但都面临着迫切的发展需求，并高度重视加强基础设施投资带动本国经济发展。特别是疫情发生以后，普遍重视一系列关乎民生的供水、输配电、卫生医疗、社会性保障房等行业领域的项目；国家城市化和工业化的发展也催生了多方面的建设和发展需求，特别是基础设施、电力能源、住房等建设需求潜力大。

多边开发机构给予中西非地区基建建设资金支持。2022财年世界银行通过国际开发协会（IDA）和国际复兴开发银行（IBRD）为西非和中非地区的100项业务批准了126亿美元的贷款，其中IBRD承诺4亿美元，IDA承诺122亿美元。中部非洲国家央行（BEAC）发布的《中部非洲经货共同体（CEMAC）信贷成本和条件统计公报》显示，2022年上半年，该地区新增贷款34078亿中非法郎（约56.8亿美元），同比增加3502亿中非法郎（约5.6亿美元）。公报显示，由于后疫情时代经济复苏促进信贷活动反弹，该地区2021年GDP增长率为1.5%，2022年为3.2%，信贷供应大致和GDP增长率曲线重合。

国际社会低碳转型推动当地矿产资源开发。随着全球加快绿色转型步伐，各国对锂、钴、镍、铜、石墨等"绿色矿产"的需求不断增加。区域部分国家具有对绿色转型和技术进步至关重要的矿产储量。例如，刚果（金）产出世界上约70%的钴。此外，该区域有着丰富的铁矿、铝矿等资源。随着国际能源结构的转型，以及国际相关矿产资源价格的上涨，区域内相关矿产资源吸引了更多的关注和投资，并有望带动相关基础设施和工业化设施的建设。

部分国家基础设施投资资金缺口大。该地区大部分国家经济发展水平较低，产业结构相对单一，高度依赖商品出口，并且工业基础薄弱，制造业欠发达，受国际经济变化和资源价格的影响较大。近两年，中西非国家财政赤字进一步扩大，经济结构性矛盾突出，而且部分国家公共债务负担加剧，债务不可持续性和付款违约风险进一步上升。根据非洲开发银行研究报告，G20针对全球贫困国家、低收入国家推出的"暂停偿债倡议（DSSI）"，共有38个非洲国家满足条件，其中11个国家在西非地区，包括尼日利亚、科特迪瓦、加纳、几内亚、贝宁、布基纳法索、佛得角、冈比亚、几内亚比绍、利比里亚等。经济不景气导致"项目合同生效难"问题更加突出，该地区国家基础设施投资资金缺口大，项目融资落地难，传统以主权借款为特征的EPC+F模式更加受限，已签约项目生效更加困难。

合作环境有所恶化。 针对外资企业，该地区法律方面呈现三个趋势，一是对使用本土化成分的政策要求越来越高；二是经济不景气导致税收锐减，中西非地区国家越发重视税法的修订和执行，已有多个中西非地区政府宣布加强对外国企业税收稽查；三是针对外商投资法律不健全，执法不规范，对外部投资者权益保护能力较弱。2022年11月，尼日利亚通胀率达到21.47%，创下17年来的历史新高水平。贫困人口增至1.33亿，占总人口的63%。在塞拉利昂，经济困境引发街头抗议，要求总统朱利叶斯·比奥下台。21名抗议者和6名警察在抗议活动中丧生。11月，塞内加尔不得不拨出7.62亿美元来应对飙升的生活成本，并对必需品设置价格上限。而加纳的塞地则成为2022年兑美元表现最差的货币，通货膨胀率达到40%，是21年来的历史新高水平。这导致国际货币基金组织向其提供了30亿美元的贷款救助。

（二）北非地区

北部非洲主要包括埃及、阿尔及利亚、苏丹、南苏丹、利比亚、突尼斯、摩洛哥等市场。北非地区是对外承包工程的传统市场，很多中国企业在该地区经营多年，已形成一定业务规模和品牌影响力，业务涉及一般建筑、交通运输建设、通讯工程、石油化工、电力工程、水利建设、工业建设等多个领域。

1. 业务概况

2022年，中国企业在北非地区新签合同额97.3亿美元，同比增长28.8%，完成营业额64.9亿美元，同比下降3.4%。其中，阿尔及利亚和埃及是目前中国企业在该地区的主要市场，完成营业额占比分别为43.8%和42%。2022年北非地区国别市场（地区）业务排名见表2-33。

2022年北非地区国别市场（地区）业务排名　　　　表2-33

单位：亿美元

排名	国别（地区）	新签合同额	国别（地区）	完成营业额
1	阿尔及利亚	39.8	阿尔及利亚	28.4
2	埃及	33.0	埃及	27.3
3	南苏丹	15.5	苏丹	3.4
4	苏丹	5.5	摩洛哥	2.4
5	摩洛哥	2.6	南苏丹	2.1
6	突尼斯	0.6	突尼斯	0.9

2022年北非地区各专业领域业务分布见表2-34。

2022年北非地区各专业领域业务分布 表2-34

单位：亿美元

排名	专业领域	新签合同额	专业领域	完成营业额
1	一般建筑	26.0	一般建筑	32.1
2	交通运输建设	19.4	通讯工程建设	12.9
3	通讯工程建设	16.6	交通运输建设	9.8
4	工业建设	13.3	石油化工	3.5
5	石油化工	10.2	工业建设	2.5
6	电力工程建设	8.4	制造加工设施建设	2.0
7	其他	2.8	电力工程建设	1.3
8	制造加工设施建设	0.6	其他	0.5
9	水利建设	0.0	水利建设	0.3

2022年北非地区新签合同额前10的项目见表2-35。

2022年北非地区新签合同额前10的项目 表2-35

排名	国别	项目名称	企业
1	埃及	电信项目	华为技术有限公司
2	南苏丹	朱巴-尼穆雷米轨铁路项目	中国港湾工程有限责任公司
3	阿尔及利亚	Tosyali阿尔及利亚四期综合钢厂热轧项目	中钢设备有限公司
4	阿尔及利亚	MTBE项目	中国技术进出口集团有限公司
5	埃及	阿拉曼新城超高综合体项目	中国建筑股份有限公司
6	埃及	阿拉曼新城超高综合体项目	中国建筑第八工程局有限公司
7	埃及	500兆瓦苏伊士湾风电项目	中国电建集团华东勘测设计研究院有限公司
8	阿尔及利亚	阿尔泽港项目	中国港湾工程有限责任公司
9	埃及	康翁波500兆瓦光伏电站	中国能源建设集团浙江火电建设有限公司
10	阿尔及利亚	Tosyali阿尔及利亚四期综合钢厂炼钢项目	中钢设备有限公司

2022年北非市场承包工程业务前10会员企业见表2-36。

2022年北非市场承包工程业务前10会员企业 表2-36

排名	企业
1	中国建筑股份有限公司
2	中国建筑第八工程局有限公司
3	中国交通建设集团有限公司

续表

排名	企业
4	中国港湾工程有限责任公司
5	中国铁建股份有限公司
6	中国中铁股份有限公司
7	山东高速集团有限公司
8	中国中材国际工程股份有限公司
9	山东淄建集团有限公司
10	中国山东国际经济技术合作有限公司

备注：排名以会员企业完成营业额为依据，一级企业包含下属企业完成营业额。

2. 市场形势

经济环境回暖复苏，但机遇与挑战并存。 一方面，进入2022年后，伴随全球经济回暖，北非经济复苏态势明显。区域内主要经济体国家稳定上升，经济增长率位列非洲前列。根据当地统计机构数据，埃及、阿尔及利亚、突尼斯、摩洛哥2022年实际GDP增长率分别为6.6%、4.7%、2.2%、0.8%，预期2023年增长率为4.4%、2.6%、1.6%、3.1%，在施工程项目总金额分别为988亿美元、304亿美元、30亿美元、169亿美元。北非经济增长在合理空间稳定上升，将成为后疫情时代推动非洲经济复苏的排头兵。另一方面，在经济全球化遭遇逆流、大国博弈加剧形势下，北非局部地区安全动荡仍然存在，民族宗教冲突偶有发生，同时部分国家债务规模和偿债压力增大，叠加外汇管制和双边资本流动等问题，给中国企业在北非经营发展造成一定压力。

内生动力明显提升，带来发展新机遇。 近年来，非洲经济一体化发展迅速，推动经济发展效果明显。首先，非洲大陆自由贸易协定（AfCFTA）于2021年1月生效，北非地区国家全部签约加入了自贸协定，埃及、阿尔及利亚、摩洛哥等国已完成政府审批手续，北非各国的积极响应推动，将大幅提升北非及整个非洲的贸易便利化水平，加快本土制造业发展，加速自贸区内各市场间资源和贸易存量的相互流动，为非洲自贸区平台运行发展注入强大活力。其次，非洲进出口银行、非盟等单位合作推出在非支付和结算系统，推广后可实现非洲国家以本币跨境支付，未来可大幅节省支付成本。再次，数字经济成为新增长点，区域内在数字货币、区块链等领域发展迅速，持续释放经济增长内生动力，提升区域经济体竞争力。

各政府积极制定发展规划，基础设施领域需求迫切。 各国政府落实规划，颁布鼓励政策，积极改善营商环境，并将基础设施项目列为优先发展位置，重点推动交通、电力、清洁能源、住房及城市化等领域项目建设。阿尔及利亚政府推出《2016—2030年国家经济多元化和转型战略》（2030年远景计划），加快推进城市交通现代化发展，为公路和空运项目发展提供较大增长动力，并为铁路项目发展提供广阔空间，同时阿政府将加快实施能源多元化战略，颁布鼓励投资政策，吸引国内外投资参与新能源行业发展。埃及政府结合非盟2063议程，制定《可持续发展战略：埃及愿景2030》，对电力、交通及油气等相关基础设施建设作出明确规划，埃及政府结合自身电力产能区域优势，积极推动跨境电网建设，进一步打造区域供电枢纽地位，基础设施建设迎来重要发展机遇期。水务方面，以埃及、摩洛哥为代表等国根据自身实际情况，持续发力推进项目开发，提出加速发展海水淡化、废（污）水处理、蓄水灌溉等水务项目政策，以缓解持续增加的水资源压力，助力本国经济发展。

紧跟全球低碳经济发展趋势，绿色发展势头强劲。在全球大力发展双碳经济的时代背景下，北非各国目前也处于向绿色发展新模式转型升级的关键时期，将低碳发展纳入国家发展战略，将城市化进程和基础设施建设与新能源、新技术、新基建理念相结合，大力推进新能源、海水淡化、废水（物）处理、智慧交通、绿色建筑等领域项目的开发建设。通过《埃及愿景2030》《阿尔及利亚2030年远景计划》、摩洛哥"到2050年实现经济低碳发展的综合战略"及《可再生能源法》修订案等政府规划及法案，各国均明确实施能源转型政策，并加大吸引国内外投资力度，逐步降低传统燃煤、石油发电占比，强化天然气发电主体地位，大力推动可再生能源发展，并提出可再生能源发电在总发电量占比2030年目标：埃及8.54%、阿尔及利亚3.1%、摩洛哥36.9%。

3. 发展展望及建议

紧密对接当地发展需求，深度参与经济发展。根据当地统计数据，埃及、阿尔及利亚、摩洛哥待实施工程项目总额分别为3863亿美元、1055亿美元、779亿美元，其中房建及城市开发项目总额超1830亿美元，能源及工业类项目总额超1490亿美元，建设需求位列非洲前列，市场前景广阔，具有较大开发潜力。建议企业秉持"高标准、可持续、惠民生"的目标和要求，将自身优势与所在国经济发展战略、重点项目规划深度对接，深度融入当地工业化和城镇化进程，充分应用中国企业在城镇化、工业化发展过程中积累的建造能力和优秀经验助力北非经济发展，推动工业体系发展完善，提升城市品质。

抢抓基础设施建设机遇，把握绿色转型新趋势。北非各国区位优势明显，经济水平及工程市场规模位于非洲前列，各国政府颁布多项国家发展规划，刺激经济发展，对基础设施建设需求旺盛。非洲大陆自由贸易区（AfCFTA）是世界上人口和地理面积最大的自由贸易区，自贸区落地启动进一步提升了区域互联互通需求，伴随绿色低碳转型不断加速，绿色、可持续理念与各国政府发展战略规划深度融合，交通基础设施、电力、新能源、水务等领域项目步入开发建设快车道。根据当地统计数据，北非待实施的交通基础设施项目总额为1159亿美元，水务、电力项目总额分别为1459亿美元，未来在公路、铁路、港口、机场、清洁能源、水务等领域将迎来新的建设高峰。

深入开展属地化经营，整合当地优质资源协同发展。 在市场经营和项目建设过程中，进一步加深与当地优质企业合作关系，通过市场手段筛选并整合上下游优质资源，统筹整合、优势互补。提升当地分包商、原材料、属地工人使用比例。助力当地产业进步，创造就业机会，与当地经济实现融合发展。

积极扩大三方市场合作，推动业务转型升级。 北非地区与欧洲市场具有天然且紧密的联系，建筑市场容量大、需求旺盛、受关注程度高，获取优质资源和资金支持渠道也较多，国际优势企业对北非市场较为重视。多年来，中国企业与欧洲、日韩优势企业在北非多个项目中成功开展了三方市场合作，合作模式初步成熟。通过各方间交流互动和务实合作，也为中国企业补强短板并推动业务转型升级提供了经验参考。未来，中国企业应进一步加强与第三方国家、跨国公司、国际机构之间的务实合作，优势互补、打造合力，共享北非市场高速发展机遇，继续扩大三方市场合作成果，实现多方共赢的良好局面。

（三）南部非洲地区

南部非洲地区包括赞比亚、安哥拉、津巴布韦、马拉维、莫桑比克、博茨瓦纳、纳米比亚、南非、斯威士兰、莱索托、马达加斯加、科摩罗、毛里求斯等。

1. 业务概况

2022年，中国企业在南部非洲地区新签合同额130.9亿美元，同比下降22.8%；完成营业额78.3亿美元，同比增长10.0%。2022年南部非洲地区国别市场（地区）业务排名见表2-37。

2022年南部非洲地区国别市场（地区）业务排名　　　　表2-37

单位：亿美元

排名	国别（地区）	新签合同额	国别（地区）	完成营业额
1	安哥拉	50.1	安哥拉	28.9
2	南非	23.3	赞比亚	11.5
3	莫桑比克	12.0	莫桑比克	7.5
4	赞比亚	11.4	南非	6.4
5	津巴布韦	11.4	津巴布韦	5.7
6	博茨瓦纳	9.1	博茨瓦纳	4.9
7	马拉维	5.2	马拉维	4.5
8	马达加斯加	4.8	马达加斯加	3.2
9	毛里求斯	1.8	纳米比亚	2.9
10	纳米比亚	0.7	毛里求斯	1.4

2022 年南部非洲地区各专业领域业务分布见表 2-38。

2022 年南部非洲地区各专业领域业务分布　　　　表 2-38

单位：亿美元

排名	专业领域	新签合同额	专业领域	完成营业额
1	其他	33.7	一般建筑	18.9
2	电力工程建设	30.1	交通运输建设	18.4
3	交通运输建设	24.0	电力工程建设	14.8
4	一般建筑	22.7	其他	11.6
5	水利建设	10.7	水利建设	7.9
6	通讯工程建设	4.9	通讯工程建设	4.7
7	工业建设	3.4	工业建设	0.7
8	石油化工	1.1	废水（物）处理	0.6
9	制造加工设施建设	0.3	石油化工	0.4
10	废水（物）处理	0.0	制造加工设施建设	0.3

2022 年南部非洲地区新签合同额前 10 的项目见表 2-39。

2022 年南部非洲地区新签合同额前 10 的项目　　　　表 2-39

排名	国别	项目名称	企业
1	安哥拉	卡古路卡巴萨水电站项目	中国葛洲坝集团股份有限公司
2	南非	红石 100 兆瓦光热电站项目	山东电力建设第三工程有限公司
3	莫桑比克	鲁里奥 1 大坝项目	中国电建集团国际工程有限公司
4	赞比亚	KIPUSHI-SOLWEZI 道路和 KALUMBILAM 综合发展项目	中国江西国际经济技术合作有限公司
5	安哥拉	Tetelo 铜矿项目矿建与采矿工程（Ⅰ期）	中国水利水电第十四工程局有限公司
6	南非	露天锰矿项目一期 - 地表土方剥离工程	中铁国际集团有限公司
7	安哥拉	北宽扎省 5000 套社会住房设计及施工总承包项目	中铁国际集团有限公司
8	南非	电信项目	华为技术有限公司
9	安哥拉	本加铌矿供水及尾矿库工程	中国电建集团国际工程有限公司
10	南非	克劳特 EB 立交桥项目	中国建筑股份有限公司

2022 年南部非洲市场承包工程业务前 10 会员企业见表 2-40。

2022 年南部非洲市场承包工程业务前 10 会员企业　　　　表 2-40

排名	企业
1	中国交通建设集团有限公司
2	中国电力建设集团有限公司
3	中国电建集团国际工程有限公司
4	中国能源建设股份有限公司
5	中国葛洲坝集团股份有限公司
6	中国航空技术国际工程有限公司
7	中国江西国际经济技术合作有限公司
8	中国路桥工程有限责任公司
9	中国铁建股份有限公司
10	山东电力建设第三工程有限公司

备注：排名以会员企业完成营业额为依据，一级企业包含下属企业完成营业额。

2. 市场形势

南部非洲经济持续复苏。 根据非洲开发银行发布的《2022 年非洲经济展望报告》，南部非洲 2022 年经济增长为 2.5%，预计经济复苏将持续，但增长率仍低于全球和非洲大陆增长速度。安哥拉作为该地区唯一的石油生产国扭转长达五年的颓势，实现 3% 的增长；南非受电力短缺等因素，经济增速仅有 2.1%，同时由于南非经济的低迷表现，拖累了周边市场的表现，南部非洲经济总体持续复苏，但另外受乌克兰危机等影响增长较为缓慢。因为政府财政状况紧张，政府缺乏较大的财政能力来支持国内的经济发展及投资基础设施建设，加之有些国家对政府债务的限制，使得政府用于基础设施项目实施的资金大幅减少，政府发标项目数量也大幅减少。部分国家存在工程款拖欠问题，从而导致项目实施进展缓慢。

各国将基础设施建设列为发展的首要议题。 安哥拉推进城市化进程以及经济多元化发展，在交通运输、市场设施、电力能源等领域有可观的市场容量；赞比亚由于得到世界银行、非洲发展银行、欧洲投资银行等国际金融组织在改善民生方面的大量支持，今后一段时间的现汇项目将集中于农业、医疗、教育、市政供水、污水处理、公共卫生等领域；南非总统基础设施建设协调委员会于 2020 年 7 月公布基础设施项目优先发展清单，计划未来 10 年内实施总额 2.3 万亿兰特（约合 1380 亿美元）的基础设施项目，涵盖供水和卫生、能源、交通、数字基础设施、农业和农产品加工、人居工程等领域。

区域内各国推动探索 PPP 项目。 南部非洲国家普遍制定了相关法律，鼓励实施 PPP 项目。2018 年，赞比亚政府修订了 PPP 法案，并在赞比亚财政部下设了 PPP 部门，允许外国投资者参与当地基础设施投资。赞比亚巴托卡水电站项目等拟使用 BOT 方式投标，部分中国企业在公路项目上拟以 PPP 方式参与，但上述项目均未进入实施阶段。博茨瓦纳政府虽在 2009 年就提出将 PPP 作为公共基础设施采购和融资的一种方式，并制定了《PPP 政策和实施框架》，但截至目前尚未制定有关 PPP 的专门法，没有就 PPP 项目公私双方的权利和义务作出明确规定，加之博茨瓦纳缺乏公共基础设施有偿使用的机制，所以企业参与热情不高。莫桑比克政府近年来出台了关于 PPP 的相关法律，鼓励企业以 PPP 模式参与项目。

债务问题严重制约基础设施建设发展。受疫情影响，部分南部非洲国家的债务问题凸显，严重制约着该地区基建市场的发展。根据国际货币基金组织预测，2022 年安哥拉、莫桑比克毛里求斯和赞比亚等国的公共债务将保持在 GDP 的 100% 以上。非洲获得了 6500 亿美元新分配的特别提款权中的 330 亿美元，尽管南部非洲地区在外汇稳定方面从特别提款权方有所收益，但是受到紧缩的财政和货币政策限制，对基础设施领域的投资也只是缓慢增加，将制约该地区的基础设施建设发展，无法满足该地区基础设施市场的需求。

传统项目竞争异常激烈。近年来，南部非洲经济增速放缓，受乌克兰危机影响、部分国家债务攀升，基建市场下行压力巨大，直接导致承包商价格竞争进入了白热化阶段。同时中国企业在承包工程行业领域竞争异常激烈，且中国企业占有的市场份额较高。这些工程市场又是充分竞争的市场，工程项目的竞争大多数最终是中国企业之间的竞争，部分企业以较低价格参与投标，个别企业明显以低于成本价格投标，对市场影响较大。在博茨瓦纳，政府项目投标取消了投标保函，在一定程度上降低了投标门槛，很多不具备投标实力的企业纷纷投标，加剧了投标竞争，迫使一部分建筑企业走向低价竞争、恶性竞争的道路。在赞比亚，经营规模较大的中资承包企业有三十多家，私人建筑企业近百家，承包市场竞争异常激烈，尤其是世行、非发行等机构出资大型项目，常常聚集三四十家企业参与竞标，其中大多数为中国企业。在莫桑比克，除了中国企业之间的竞争，也有来自中国、葡萄牙、南非的承包商，市场竞争主要以低价竞争为主，竞争异常激烈。其中，道路桥梁和供水、污水、房建等领域，中标价基本上不超过业主预算的 75%。比较特殊的港口类项目，中国、日本和印度的企业均在莫桑比克跟踪承接项目，但是港口的地缘政治意义重大，中国企业在莫桑比克的跟踪参与受到了来自印度方面的阻碍。

"本土化"政策倾向日趋明显。为更好地振兴本国经济，近年来南部非洲国家出台了一系列严格的"本土化"政策。例如：2020 年，博茨瓦纳政府对本地公民企业加大支持力度，要求政府现汇项目中不低于 40% 的份额，而且要求以组成联合体方式投标，当地公民企业必须占比 40%，这在很大程度上保护了当地企业的利益，也给外国企业在项目实施上制造了一定难度。赞比亚公路建设主管部门道路发展署，近年来严格执行了 20% 强制分包的规定，即凡是外资承包商获得由其发包的承包合同，均须在其监管下将合同金额 20% 分包给当地有资质的公司，如外资承包商违反上述规定，将会受到严厉的惩处，如投标制裁等。

3. 发展建议

一是提升项目管理和履约能力。加强项目现场管理、质量管理、安全管理、成本管理，特别是要做好汇率索赔、工期索赔等合同管理，尽量减少损失。要大力推进属地化进程，进一步提升管理岗位和专业技术岗位的员工属地化比例，有效发挥当地人管当地人的优势。

二是加快推进投建营一体化业务。基建市场的资金缺口巨大，未来投建营一体化模式将成为南部非洲国家推进基础设施建设的必然选择。由于资金短缺，非洲国家越来越青睐由私营部门提供资金承担项目风险的政府和社会资本合作（PPP）模式。为解决资金问题，纳米比亚政府在允许私人资本进入的许多行业中，较多采用BOT、BT、BOO、BTO等形式进行大型基础设施建设，中资公司也有望通过PPP模式进一步在当地基建市场打开新的局面。企业必须要加快业务转型升级，围绕"一带一路"建设、中非合作"九项工程"等国家战略，探索在非洲市场重点策划实施投建营项目。

三是积极探索第三方合作。企业要秉持合作共赢的理念，坚持与产业价值链上的优秀伙伴加强合作，要协同外方企业共同在第三方市场寻找合作机遇，探索风险共担、利益共享的合作模式。要学习借鉴外方企业在项目管理、产品供应、施工管理、人力资源、先进技术、资金保障和风险管理等方面的经验，不断提升企业自身的竞争力。

四是扩大新能源、低碳环保领域的合作。由于南部非洲气候环境较为脆弱，企业应秉承绿色发展的理念，注重可再生能源、清洁能源和绿色可持续发展领域的项目开发和应用。企业可利用我国在清洁能源上的技术优势，帮助非洲国家加大可再生能源供应，助推非洲绿色发展以及非洲经济恢复和发展。

五是要强化各类风险管控。受乌克兰危机、融资成本增加、通货膨胀和国际政治经济形势等复杂因素影响，企业无论是在安全风险，成本核算还是在合规风险方面都面临着前所未有的挑战。在安全风险上，要结合当地治安形势，定期对安全隐患进行排查和整改，不断完善突发情况应对预案；切实做好安保工作，进一步加强安保力量，完善安保措施，确保境外员工身体健康和生命财产安全。在合规管理方面，要建立健全有效识别、评估、检测、防范合规风险的管理体系，完善各类合同及规范性文件的审查机制，做到业务全流程、全方位合规；针对特定风险领域、特定行业或地区，制定专项合规管理办法，并根据外部环境动态调整。

（四）东非地区

东部非洲地区包括肯尼亚、埃塞俄比亚、乌干达、坦桑尼亚、厄立特里亚、索马里、吉布提、卢旺达、布隆迪和塞舌尔等国家。

1. 业务概况

2022年中国企业在东部非洲市场新签合同额146.0亿美元，同比增长9.8%；完成营业额67.6亿美元，同比下降13.0%。2022年东非地区国别市场（地区）业务排名见表2-41。

2022年东非地区国别市场（地区）业务排名　　　　表2-41

单位：亿美元

排名	国别	新签合同额	国别	完成营业额
1	坦桑尼亚	46.7	肯尼亚	21.1
2	乌干达	30.5	埃塞俄比亚	15.8
3	埃塞俄比亚	30.2	坦桑尼亚	13.0
4	肯尼亚	18.6	乌干达	11.1
5	厄立特里亚	9.5	卢旺达	3.7
6	索马里	4.9	吉布提	1.4
7	卢旺达	4.6	厄立特里亚	0.7
8	吉布提	0.7	布隆迪	0.3
9	塞舌尔	0.2	塞舌尔	0.2

2022年东非地区各专业领域业务分布见表2-42。

2022年东非地区各专业领域业务分布　　　　表2-42

单位：亿美元

排名	专业领域	新签合同额	专业领域	完成营业额
1	交通运输建设	58.7	交通运输建设	33.7
2	一般建筑	31.3	一般建筑	14.3
3	其他	16.3	电力工程建设	7.8
4	石油化工	15.0	水利建设	3.2
5	工业建设	10.8	其他	2.2
6	电力工程建设	7.3	通讯工程建设	2.0
7	通讯工程建设	2.5	石油化工	1.9
8	水利建设	2.5	工业建设	1.8
9	废水（物）处理	1.3	废水（物）处理	0.4
10	制造加工设施建设	0.2	制造加工设施建设	0.3

2022年东非市场新签合同额前10的项目见表2-43。

2022年东非市场新签合同额前10的项目　　　　　　　　　　　表2-43

排名	国别	项目名称	企业
1	坦桑尼亚	设计和建造电气化标准轨铁路（SGR）项目二期一标段——塔博拉至基戈马（411公里正线及95公里侧线）	中国土木工程集团有限公司
2	埃塞俄比亚	索马里州水泥厂项目二期工程	中国葛洲坝集团股份有限公司
3	乌干达	Tilenga EPSCC 项目合同	中国石化集团国际石油工程有限公司
4	厄立特里亚	阿斯马拉铜金多金属矿项目	四川公路桥梁建设集团有限公司
5	索马里	索马里兰大理石矿山开采运输项目	中国铁建股份有限公司
6	埃塞俄比亚	Abyssinia 银行设计和建造工程项目	中国建筑第八工程局有限公司
7	厄立特里亚	阿斯马拉金铜矿矿山剥离建设和选厂EPC合同	中国恩菲工程技术有限公司
8	乌干达	Nsambya 商业住宅小区再开发项目	中交一公局集团有限公司
9	乌干达	钻井项目	中石化中原石油工程有限公司
10	埃塞俄比亚	DMC 贸易公司五星级酒店及商住楼施工项目	中国土木工程集团有限公司

2022年东非市场承包工程业务前10会员企业见表2-44。

2022年东非市场承包工程业务前10会员企业　　　　　　　　　表2-44

排名	企业
1	中国交通建设集团有限公司
2	中国电力建设集团有限公司
3	中国铁建股份有限公司
4	中国路桥工程有限责任公司
5	中交第一公路工程局有限公司
6	中国中铁股份有限公司
7	中国土木工程集团有限公司
8	中国电建集团国际工程有限公司
9	中国江西国际经济技术合作有限公司
10	江西中煤建设集团有限公司

备注：排名以会员企业完成营业额为依据，一级企业包含下属企业完成营业额。

2. 市场形势

东非地区是海上丝绸之路历史和自然的延伸，是"一带一路"的重要节点，也是中国向西推进"一带一路"建设的重要方向和落脚点。目前东非各国都已经加入了"一带一路"倡议，双方政策高度契合，为东非区域国家开展基础设施建设，获得金融、技术支持等方面提供了重要的机会，也为加快地区工业化进程和提升内生发展动能提供了强大助力。

根据非洲开发银行发布的《2022年非洲经济展望报告》，得益于持续的基建投资和农业部门的绩效改善，预计2022年东非国家经济平均增长4.7%，东非经济将从2023年起全面复苏。东非各国从经济总量和发展增速上来看，肯尼亚、埃塞俄比亚、坦桑尼亚和乌干达经济规模较大，而且发展形势较好，各个国家也都制定了比较清晰的国家发展计划，明确了重点发展领域。坦桑尼亚提出第三个五年发展规划，规划以"竞争力和工业化促进发展"为主题，坦政府将在2021/2022至2025/2026财年期间，启动巴加莫约港项目，建设连接坦赞铁路、全长1000公里的南部标准铁路线，以及姆楚楚马至利甘加之间的支线，重点还包括中央标轨铁路、尼雷尔水电站等大型旗舰项目。肯尼亚是东非地区的非资源型国家，内罗毕的快速路和全球贸易中心、数据中心和智慧城市、拉穆港一号泊位等重点项目顺利推进。肯政府出台多项经济刺激措施，旅游业、制造业等产业恢复发展，基础设施建设有序推进。肯政府决定于2022年推出3500亿基础设施PPP项目，优先考虑引入私营企业建设道路、电力传输、港口、住房、健康、供水和环卫项目。各国的转型升级及改善民生的计划为开展民生类业务、基建业务及投资业务提供了机遇，如埃塞俄比亚开始实施第三期"增长和转型计划"，乌干达实施第三期国家发展计划等。

该地区基础设施建设方面业务总体和长期向好，但短期处于一个调整期，增量上会有一定的困难和瓶颈。东非各国近年来大力发展基础设施项目，国家外债水平已处于高位，政府间框架项目的开发面临巨大的不确定性和困难。国内金融机构风控趋严，传统EPC+F模式发展空间收窄，项目融资难问题突出。债务危机恶化反过来又进一步增加了东非国家的融资成本。受此影响，在非中国企业更多地投身现汇项目市场，导致现汇投标项目的竞争愈发激烈，市场开发难度进一步加大。

第三节　欧洲市场

一、业务概况

（一）业务规模

得益于欧洲各国政府的大规模经济刺激政策，2022年度中国企业在欧洲市场新签合同额205.3亿美元，同比下降24.7%；完成营业额159.5亿美元，同比增长1.7%。中国企业在欧洲市场完成营业额连续6年实现正增长（图2-7、图2-8）。

（二）主要国别

中国企业在俄罗斯联邦、塞尔维亚、西班牙等市场业务规模位居欧洲市场前列，在三国新签合同额占欧洲市场总额超60%，头部效应明显。其中，俄罗斯联邦市场贡

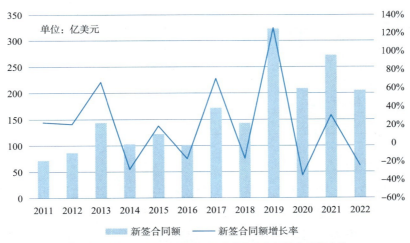

图 2-7　2011—2022 年欧洲市场承包工程新签合同额走势

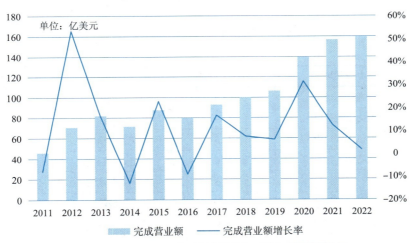

图 2-8　2011—2022 年欧洲市场承包工程完成营业额走势

献了在欧洲市场完成营业额的 47.5%。2022 年欧洲地区新签合同额和完成营业额前 10 市场排名见表 2-45。

2022 年欧洲地区新签合同额和完成营业额前 10 市场排名　　表 2-45

单位：亿美元

排名	国别	新签合同额	国别	完成营业额
1	俄罗斯联邦	47.5	俄罗斯联邦	65.3
2	塞尔维亚	46.5	塞尔维亚	19.2
3	西班牙	16.0	法国	11.1
4	波兰	13.9	西班牙	11.1
5	法国	12.9	德国	7.0
6	波黑	10.0	白俄罗斯	6.3

续表

排名	国别	新签合同额	国别	完成营业额
7	罗马尼亚	9.2	格鲁吉亚	6.2
8	德国	6.5	波兰	5.2
9	葡萄牙	5.6	乌克兰	4.5
10	乌克兰	5.0	英国	4.0

（三）业务领域

新签合同额方面，中国企业在欧洲市场业务除在交通运输建设和制造加工设施建设领域实现增长以外，其中交通运输建设领域增幅达到了71.1%，在其他领域业务出现下滑。完成营业额方面，石油化工、电力工程建设等领域业务规模领先，同比均实现了正增长。2022年欧洲市场承包工程业务领域分布见表2-46。

2022年欧洲市场承包工程业务领域分布　　　　表2-46

单位：亿美元

排名	专业领域	新签合同额	专业领域	完成营业额
1	交通运输建设	63.6	石油化工	41.9
2	电力工程建设	37.9	通讯工程建设	35.8
3	通讯工程建设	33.5	交通运输建设	33.4
4	石油化工	26.6	电力工程建设	12.5
5	其他	16.3	工业建设	11.1
6	一般建筑	14.0	一般建筑	9.8
7	制造加工设施建设	7.4	其他	9.2
8	工业建设	5.6	制造加工设施建设	4.5
9	废水（物）处理	0.4	水利建设	0.8

（四）参与企业

2022年度对外承包工程企业欧洲地区30强见表2-47。

2022年度对外承包工程企业欧洲地区30强　　　　表2-47

排名	企业
1	中国化学工程集团有限公司
2	中国化学工程第七建设有限公司
3	中国铁建股份有限公司
4	中国交通建设集团有限公司
5	中国路桥工程有限责任公司

续表

排名	企业
6	中国铁建国际集团有限公司
7	中铁十六局集团有限公司
8	中国电力建设集团有限公司
9	中信建设有限责任公司
10	中国电建集团国际工程有限公司
11	中国石油集团工程股份有限公司
12	中铁建国际投资有限公司
13	中国能源建设股份有限公司
14	上海振华重工（集团）股份有限公司
15	中国中铁股份有限公司
16	山东高速集团有限公司
17	中国石油工程建设有限公司
18	中钢设备有限公司
19	中国机械工业集团有限公司
20	哈尔滨电气国际工程有限责任公司
21	中国山东国际经济技术合作有限公司
22	中国机械设备工程股份有限公司
23	中国葛洲坝集团股份有限公司
24	中铁隧道局集团有限公司
25	北方国际合作股份有限公司
26	中国建筑股份有限公司
27	海洋石油工程股份有限公司
28	中国石油管道局工程有限公司
29	沈阳远大铝业工程有限公司
30	中石化炼化工程（集团）股份有限公司

备注：排名以会员企业完成营业额为依据，一级企业包含下属企业完成营业额。

（五）主要项目

2022年欧洲市场承包工程业务新签合同额排名前10位的项目见表2-48。

2022年欧洲市场承包工程业务新签合同额排名前10位的项目　　表2-48

排名	国别	项目名称	企业
1	俄罗斯联邦	波罗的海化工综合体项目	中国化学工程第七建设有限公司
2	塞尔维亚	E763高速公路波热加-杜加波亚那段项目	中国路桥工程有限责任公司
3	法国	电信项目	华为技术有限公司

续表

排名	国别	项目名称	企业
4	罗马尼亚	克卢日 661 兆瓦燃气 – 蒸汽联合循环热电站	中国电力工程顾问集团东北电力设计院有限公司
5	塞尔维亚	诺维萨德 – 鲁马快速路项目	中国路桥工程有限责任公司
6	俄罗斯联邦	莫喀高速公路项目第五标段	中国铁建国际集团有限公司
7	德国	电信项目	华为技术有限公司
8	俄罗斯联邦	电信项目	华为技术有限公司
9	希腊	苏弗里 419 兆瓦光伏群项目	中国电建集团国际工程有限公司
10	塞尔维亚	诺维萨德 – 苏博蒂察 – 边境（克莱比奥）段铁路现代化与改扩建项目 NS–I 标	中铁十一局集团有限公司

二、市场展望及发展建议

2022 年，全球疫情冲击、能源价格高企、供应链持续中断仍旧是影响欧洲经济复苏的主要因素，三者叠加削弱了经济增长前景。国际货币基金组织（IMF）认为，鉴于欧洲央行收紧了货币政策以及进口能源价格上涨导致了贸易条件恶化，未来欧洲经济发展压力较大。根据 IMF《世界经济展望》预测，欧元区 2023 年 GDP 增长率仅为 0.7%，欧洲新兴市场和发展中经济体 GDP 增长率为 1.5%。

基础设施方面，受通货膨胀、能源供应持续中断、定向财政支持能力有限以及紧缩性货币政策等多重因素影响，惠誉预测，2023 年欧洲地区整体建筑业的实际增长率为 1.5%，低于全球建筑业 2023 年 2.3% 的增长预测。能源基础设施项目将是欧洲地区 2023 年及以后的一个关键亮点，惠誉预测，欧盟对基础设施项目的资金分配在近十年内将持续保持高位，可再生能源、交通运输和氢能产业将是欧盟基础设施投资最重要的领域。欧盟正在通过大幅扩大可再生能源增长目标来加快能源多样化和去碳化的努力，欧洲目前有涉及 4762 亿美元的 1525 个能源和公用事业基础设施项目，投资核心领域是输电和配电网络的基础设施子行业，以及海上风电的港口设施。为了实现用进口液化天然气替代俄罗斯天然气进口的目标，2022 年，欧洲地区已经开始增加液化天然气进口的基础设施建设。如德国首座液化天然气进口码头——威廉港浮式码头于 2022 年 12 月投入运营，施塔德港液化天然气接收站的建设工程于 2022 年 9 月开始，预计将于 2023 年底结束。未来十年，西欧（尤其英国）将保持其作为全球海上风电发展领导者的地位，在 2022 年和 2031 年之间增加 60 吉瓦的新装机容量，占全球增长的 40%。

欧盟委员会于 2022 年 6 月底通过了国际采购工具法案（IPI），该法案于 2022 年 8 月底正式生效，有效期 5 年。IPI 旨在对未向欧盟对等开放政府采购市场国家的企业实施采购招标限制，适用于 1500 万欧元以上的工程和特许权招标（如港口、桥梁建设）和 500 万欧元以上的货物及服务购买（如购买高铁、医疗设备）。IPI 生效后，欧盟将有权调整招标价格，甚至直接排除某些企业参与投标。普遍认为，该法案的正式生效，将极大地限制来自非世界贸易组织框架下的政府间采购协议（GPA）成员国企业参与欧盟国家政府采购项目，尤其对中国具有较强的针对性，将对在欧盟经营的中国工程企业产生重大影响。

总体来看，中国企业在欧洲市场未来整体趋势和发展形势的分析如下：

一是发挥特色优势，聚焦绿色、新能源领域。为支持欧洲绿色新政，欧洲委员会发布了一揽子提案，使欧盟的气候、能源、土地利用、交通和税收政策，符合2030年温室气体净排放在1990年水平基础上减少至少55%的目标。下个十年实现这些减排目标对欧洲到2050年成为世界上首个气候中和大陆并使《欧洲绿色新政》成为现实至关重要。欧盟委员会发行了全球最大规模的绿色债券，共筹集120亿欧元用于绿色和可持续发展投资；"欧盟下一代"计划中37%的资金将被投入与绿色转型目标直接相关的领域，包括低排放交通基础设施、可再生能源以及建筑节能投资。中国企业应加强同欧洲企业在绿色基础设施建设与绿色能源市场建设等领域的交流与合作，全产业链发挥优势互补，提升国际化经营水平。

二是注重ESG管理和可持续经营。欧洲议会和欧洲理事会通过了《公司可持续发展报告指令》（CSRD），于2023年1月5日正式生效，并在18个月后由欧盟成员国立法实施。为强化欧盟单一市场的公平环境，避免欧盟与非欧盟公司产生报告成本差异，CSRD对非欧盟公司的欧盟子公司，和在欧盟监管市场发行证券的非欧盟公司同样奏效。这也意味着满足特定条件的在欧中国企业，也须遵照CSRD的要求披露可持续信息。此外，由于CSRD的披露要求涵盖价值链，可能覆盖欧盟以外相关国家企业的信息。如果中国企业也是供应链中的一环，也需依规披露可持续信息，无法满足合规要求则可能面临业务悬置的风险。中国企业应当注重ESG管理，通过参与多边金融机构贷款项目主动同国际相关标准进行对标，完善企业内部治理、管理结构，提高合规经营能力和水平，为进入高端市场参与国际化竞争打牢基础。

三是用战略眼光在危机中寻新机。受乌克兰危机影响，全球供应链产业链布局正在加速调整。地缘政治因素导致中国企业与俄、乌、白开展对外承包工程与投资合作面临着空前的风险和挑战，但也孕育新的变化因素。美西方制裁决定了中期内俄、白难以恢复与传统贸易合作伙伴关系，这将在很大程度上促使俄罗斯转向东方，在部分领域将重点寻求与中国的合作机会，为中国企业在俄业务发展带来一定机遇。乌克兰方面，虽短期内中国企业无法返回乌克兰推动或执行项目，但从长期来看，将来在安全风险降低或可控的情况下，大量国际援助到位后，乌政府将会大力开展战后重建工作。企业应继续做好法律、技术应对，全面梳理在建项目执行进行进度，密切关注局势变化，提前布局寻找新的商机。

四是充分挖掘第三方市场合作潜力。2023年以来，欧盟计划启动70个海外基础设施建设项目，拟通过其"全球门户"计划向南非提供超过2.8亿欧元赠款，用于帮助其燃煤电站改造和可再生能源的发展。为支撑计划融资落地，全球欧洲组织下属机构欧洲可持续发展＋基金（EFSD+）承诺提供最多1350亿欧元资金支持基础设施领域投资；欧盟预算资金提供180亿欧元作为捐赠基金支持；欧洲开发性金融机构提供最多1450亿欧元的资金支持。此外，统一的欧盟出口信用机构正在筹备成立之中，取代欧盟成员国原有出口信用机构，加强对欧盟内部企业在第三国市场的支持力度。欧盟驻全球各地机构将与 Team Europe 协同配合，与合作伙伴国家一道筛选确认可以纳入"全球门户"战略的具体落地项目。中国企业可以密切关注并跟踪相关项目信息，积极与欧洲企业开展强强合作，各自发挥优势和所长，助力发展中国家建设基础设施、促进全球共同发展。

三、中东欧地区

（一）业务规模

中东欧地区长期是中国企业在欧洲的重点市场之一，业务规模占到欧洲市场的三分之一。中国政府与中东欧国家合作将加快中东欧互联互通基础设施建设作为优先方向。随着"一带一路"倡议和中国与中东欧国家合作的不断推进，中国企业越来越多地参与到中东欧地区的工程承包和投融资项目合作。2022年，中国企业在中东欧市场新签合同额93.6亿美元，同比下降0.7%；完成营业额36.0亿美元，同比下降16.0%。

（二）主要国别

从国别市场（地区）业务来看，中国企业在塞尔维亚、波兰、波黑等市场业务规模位居中东欧市场前列。2022年中东欧市场业务排名前10位的国别市场（地区）见表2-49。

2022年中东欧市场业务排名前10位的国别市场（地区）　　表2-49

单位：亿美元

排名	国别（地区）	新签合同额	国别（地区）	完成营业额
1	塞尔维亚	46.5	塞尔维亚	19.2
2	波兰	13.9	波兰	5.2
3	波黑	10.0	克罗地亚	2.0
4	罗马尼亚	9.2	黑山	1.9
5	希腊	4.1	匈牙利	1.6
6	匈牙利	3.5	波黑	1.5
7	北马其顿	2.6	罗马尼亚	1.4
8	克罗地亚	1.1	希腊	1.1
9	保加利亚	0.9	捷克	0.9
10	捷克	0.8	保加利亚	0.8

（三）业务领域

从新签合同额和完成营业额来看，中国企业在中东欧洲市场业务领域主要集中在交通运输建设项目、电力工程建设和通讯工程建设几个方面。2022年中国企业在中东欧市场承包工程业务领域分布见表2-50。

2022年中国企业在中东欧市场承包工程业务领域分布　　　　　表2-50

单位：亿美元

排名	专业领域	新签合同额	专业领域	完成营业额
1	交通运输建设项目	55.7	通讯工程建设	30.4
2	电力工程建设	37.9	交通运输建设项目	21.9
3	通讯工程建设	28.9	电力工程建设	12.5
4	其他	14.9	一般建筑项目	8.4
5	一般建筑项目	9.0	工业建设项目	8.4
6	制造加工设施建设项目	4.7	其他	7.5
7	工业建设项目	4.5	制造加工设施建设项目	2.7
8	石油化工项目	1.7	石油化工项目	1.0
9	废水（物）处理项目	0.4	水利建设项目	0.8
10	水利建设项目	0.2	废水（物）处理项目	0.6

2022年中东欧市场承包工程业务新签合同额排名前10位的项目见表2-51。

2022年中东欧市场承包工程业务新签合同额排名前10位的项目　　　　　表2-51

排名	国别（地区）	项目名称	企业
1	塞尔维亚	E763高速公路波热加—杜加波亚那段项目	中国路桥工程有限责任公司
2	罗马尼亚	克卢日661兆瓦燃气—蒸汽联合循环热电站项目	中国电力工程顾问集团东北电力设计院有限公司
3	塞尔维亚	诺维萨德—鲁马快速路项目	中国路桥工程有限责任公司
4	希腊	苏弗里419兆瓦光伏群项目	中国电建集团国际工程有限公司
5	塞尔维亚	诺维萨德—苏博蒂察—边境（克莱比奥）段铁路现代化与改扩建项目NS-I标	中铁十一局集团有限公司
6	波黑	塞族共和国融资设计建造武切萨弗涅—布尔奇科段项目	中国建筑第三工程局有限公司
7	北马其顿	40兆瓦垃圾焚烧电站项目	中国能源建设集团天津电力建设有限公司
8	塞尔维亚	E763高速公路波热加—杜加波亚那段项目	中国电建集团国际工程有限公司
9	罗马尼亚	克卢日661兆瓦燃气—蒸汽联合循环热电站项目	山东省路桥集团有限公司
10	塞尔维亚	诺维萨德—鲁马快速路项目	中铁十四局集团有限公司

四、市场展望及发展建议

中东欧地区连接亚欧大陆，是共建"一带一路"的重要合作伙伴。2022 年是中国与中东欧国家合作机制建立十周年。近年来，双方合作呈现出机制化、全面性以及创新性的特点，在基础设施领域收获了匈塞铁路等项目合作成果，中欧班列也已经覆盖大部分中东欧国家。欧盟和国际多边金融机构一直在为提升中东欧国家之间的互联互通水平提供资金支持，尤其是泛欧公路、铁路和水运交通走廊的建设；中东欧各国也在为改进和提升国内交通条件，规划了一大批项目以实现与欧盟更好的互联互通。

各国政府重视基础设施建设，行业快速发展趋势明显。例如，塞尔维亚政府出台的中长期经济发展规划中指出，政府将更多资金投向基础设施建设，改善人民生活水平。发布《可再生能源利用法》和《2022—2024 年经济改革计划草案》，积极促进风电和光伏等可再生能源发展。波兰政府出台《2030 年可持续交通发展战略》，建设具有竞争力的综合互联交通网，改善运输系统组织和管理模式，促进公共交通发展，提高道路安全性。

近年来，整个中东欧的基础设施有了明显的改善，作为欧盟成员的中欧国家受益于若干基础设施发展计划，包括"欧盟下一代""三海倡议"（波罗的海、亚德里亚海、黑海）、"一带一路"倡议（BRI）等，基础设施互联互通和能源转型是中东欧国家的重要关注领域。

加强基础设施互联互通方面，中东欧区域政策目标包括，通过加强基础设施供应的安全性和促进欧盟成员国之间的互联互通来加强欧盟一体化。特别是铁路部门已经启动了一系列跨境项目，如布达佩斯－贝尔格莱德线的现代化改造、波兰卡托维兹至捷克奥斯特拉瓦的交通线、波罗的海铁路网等。通讯网络方面，尽管中东欧有良好的 4G 覆盖率和相对有竞争力的光纤宽带供应，但 5G 的渗透较为缓慢。

能源转型方面，提高能源利用效率、发展可再生能源及减少温室气体排放，目前已成为中东欧多国的重点目标，中东欧地区能源转型潜力释放、能效持续提升。随着以风、光、生物质为代表的可再生能源迅速发展，结合中东欧各国可再生能源发展目标进行预测，2030 年中东欧地区非化石能源消费占比将提升到 25% 以上。同时，煤炭需求持续下降，2025 年后石油消费逐渐下降，天然气需求占比平稳增长。

然而，乌克兰危机使中东欧国家首当其冲受到了影响与冲击，与乌克兰接壤的中东欧地区地缘政治和安全环境全面恶化，投资风险增高。疫情加速了贸易保护主义和地方保护主义的抬头，使得工程承包项目持续向欧洲及本土承包商倾斜，中国企业优势不明显，与当地企业竞争激烈。部分欧盟国家对中国企业的关注度和针对性增强，税收征管环境日趋严格，税务稽查频次明显增多，给中国企业在欧盟国家获得项目增加了困难。

此外，中东欧国家在能源上高度依赖俄罗斯，经济易受外部冲击影响。乌克兰危机爆发后，全球大宗商品价格飙升，能源价格飞涨，导致欧洲通货膨胀持续上升，中东欧国家更是成为高通胀的"重灾区",经济发展的外部环境急剧恶化。后疫情时代,由于欧盟将重点优先支持其内部成员国的经济复苏,导致中东欧非欧盟国别从欧盟和多边金融机构获得资金增长幅度预计较为有限,再加上自身的财政能力有限和债务率上升,其通过与欧盟以外国家双边合作来获得资金用于项目开发建设的难度也会增加。

在这种情况下,建议企业发挥前端优势,加大对项目资源前期甄别投入,抓住聚焦新能源、交通网络、通讯领域业务机遇;全面分析当前该地区社会经济发展形势和地缘政治风险因素,警惕可能引发的资金中断风险,并做好风险防控;充分评估投资审查政策对中国在此投资的影响,并做好应对预案;加快属地化建设,积极寻求当地合作伙伴,坚持共商共建共享原则,尝试以小比例参股形式与当地企业组建联营体;增强当地利益相关方的"获得感"。

第四节　拉丁美洲市场

一、业务概况

(一)业务规模

随着疫情的结束,在需求端和供给端双向驱动下,2022年拉美地区经济实现超预期增长。在此背景下,中国企业再次实现了2022年承包工程新签合同额及完成营业额的双增长。2022年,中国企业在拉丁美洲市场承包工程新签合同额271.3亿美元,同比增长35.8%;完成营业额113.3亿美元,同比增长42.1%。2011—2022年拉丁美洲市场承包工程业务走势见图2-9和图2-10。

图2-9　2011—2022年拉丁美洲市场承包工程新签合同额走势

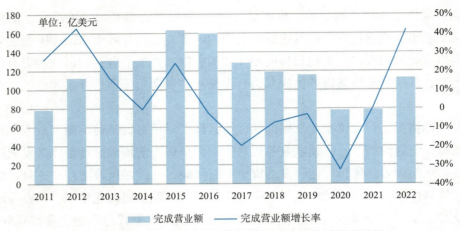

图 2-10 2011—2022 年拉丁美洲市场承包工程完成营业额走势

（二）主要国别

中国企业在拉丁美洲地区业务主要集中在哥伦比亚、秘鲁、墨西哥、巴西、阿根廷、智利、玻利维亚、厄瓜多尔等国，其中，新签合同额前三名的国家分别为哥伦比亚、墨西哥及阿根廷，秘鲁、巴西、墨西哥则位居完成营业额最高的三个拉美国家。2022 年拉丁美洲地区新签合同额和完成营业额前 10 位的国别市场（地区）排名见表 2-52。

2022 年拉丁美洲地区新签合同额和完成营业额前 10 位的国别市场（地区）排名　　表 2-52

单位：亿美元

排名	国别	新签合同额	国别	完成营业额
1	哥伦比亚	55.4	秘鲁	22.9
2	墨西哥	50.3	巴西	16.6
3	阿根廷	33.4	墨西哥	14.1
4	智利	29.8	阿根廷	11.4
5	秘鲁	26.6	智利	8.5
6	巴西	18.0	哥伦比亚	7.9
7	玻利维亚	16.6	厄瓜多尔	7.1
8	乌拉圭	8.7	玻利维亚	6.9
9	厄瓜多尔	8.5	委内瑞拉	3.8
10	圭亚那	7.3	牙买加	2.7

（三）业务领域

交通运输建设、一般建筑、电力工程及通讯工程等领域是中国企业在拉丁美洲市场开展承包工程业务的主要领域。交通运输建设作为第一大业务领域，新签合同额和完成营业额均远超其他业务领域。2022年拉丁美洲市场新签合同额前10位的项目中有一半是交通运输建设领域项目。2022年拉丁美洲市场承包工程业务领域分布见表2-53。

2022年拉丁美洲市场承包工程业务领域分布   表2-53

单位：亿美元

排名	专业领域	新签合同额	专业领域	完成营业额
1	交通运输建设	81.9	交通运输建设	36.0
2	一般建筑	56.6	通讯工程建设	22.2
3	电力工程建设	43.3	一般建筑	13.1
4	其他	34.0	其他	13.0
5	通讯工程建设	24.4	电力工程建设	10.6
6	石油化工	18.4	石油化工	7.9
7	工业建设	6.4	制造加工设施建设	3.8
8	水利建设	3.3	工业建设	3.4
9	制造加工设施建设	2.2	水利建设	3.1
10	废水（物）处理	0.8	废水（物）处理	0.2

（四）参与企业

2022年度对外承包工程企业拉丁美洲地区30强见表2-54。

2022年度对外承包工程企业拉丁美洲地区30强   表2-54

排名	企业
1	中国交通建设集团有限公司
2	中国铁建股份有限公司
3	中国电力建设集团有限公司
4	中国港湾工程有限责任公司
5	中国电建集团国际工程有限公司
6	中国中铁股份有限公司
7	中铁十局集团有限公司
8	中国机械工业集团有限公司
9	中国机械设备工程股份有限公司
10	中国能源建设股份有限公司
11	中国葛洲坝集团股份有限公司
12	上海振华重工（集团）股份有限公司
13	中国土木工程集团有限公司

续表

排名	企业
14	中铁建国际投资有限公司
15	新疆生产建设兵团建设工程（集团）有限责任公司
16	中国铁建国际集团有限公司
17	中钢设备有限公司
18	中铁十九局集团有限公司
19	中铁隧道局集团有限公司
20	中铁二十局集团有限公司
21	中国水利电力对外有限公司
22	中交第三公路工程局有限公司
23	中交第二公路工程局有限公司
24	中铁十七局集团有限公司
25	中铁一局集团有限公司
26	中国中材国际工程股份有限公司
27	中交疏浚（集团）股份有限公司
28	中国电力技术装备有限公司
29	苏州中材建设有限公司
30	中铁国际集团有限公司

备注：排名以会员企业完成营业额为依据，一级企业包含下属企业完成营业额。

（五）主要项目

2022年拉丁美洲市场承包工程业务新签合同额排名前10位的项目见表2-55。

2022年拉丁美洲市场承包工程业务新签合同额排名前10位的项目　　表2-55

排名	国别	项目名称	企业
1	哥伦比亚	马道斯PPP公路项目	中国港湾工程有限责任公司
2	阿根廷	国家生产用天然气管道第二阶段项目	中国电建集团国际工程有限公司
3	墨西哥	玛雅铁路第一标段	中国港湾工程有限责任公司
4	巴西	电信项目	华为技术有限公司
5	哥伦比亚	太平洋工业园港口项目	中国土木工程集团有限公司
6	智利	5号公路塔尔卡—奇廉段第二期特许经营项目	中铁建国际投资有限公司
7	玻利维亚	波多西公路项目二期	中铁国际集团有限公司
8	墨西哥	帕伦克至夸察夸尔科斯铁路建设项目	中国交通建设股份有限公司
9	哥伦比亚	太平洋工业园及太阳能电站项目	中国土木工程集团有限公司

续表

排名	国别	项目名称	企业
10	智利	医院特许经营第二计划科金博医院项目	中国铁建国际集团有限公司
11	哥伦比亚	玛利亚综合科技工业园二期项目	中国土木工程集团有限公司
12	秘鲁	贝伦之星锌铜矿尾矿坝项目	中国土木工程集团有限公司

二、市场展望及发展建议

从内部环境来看，拉美地区的不确定性在增加。一是政治上的博弈。在2022年举行大选的拉美国家中，左翼力量获得全面胜利。在哥伦比亚，左翼政党赢得大选，取得历史性突破。卢拉重返巴西政坛，再次出任总统。与此同时，墨西哥、阿根廷、智利、秘鲁等拉美大国均处于左翼政党的领导下，再加上古巴、委内瑞拉等传统左翼国家，左翼力量在整个拉美地区正占据绝对优势。由于新上台的拉美左翼领导人普遍奉行温和务实的内政外交政策，意识形态色彩不强，并且左翼势力的执政地位并不稳固，如秘鲁、阿根廷等拉美国家在2022年已出现执政危机苗头。二是经济上拉美国家面临挑战。世界银行发布《全球经济展望》报告称，2023年，拉丁美洲和加勒比地区整体经济增长预期趋缓，预计2023年区域经济增长1.3%。三是受美联储持续收紧货币政策、乌克兰危机等国际形势影响，拉美多国承受的通货膨胀压力未见缓解，在高通胀和高利率背景下，融资成本上升、主权信用风险加剧将导致企业投资意愿回落，导致投资环境恶化。四是社会安全环境堪忧。厄瓜多尔、巴拿马、秘鲁、玻利维亚和巴西等国相继爆发抗议活动，社会形势动荡加剧。

拉美国家努力恢复经济社会发展既面临新挑战，也面临新机遇。经合组织发展中心、联合国拉加经委会等联合发布《拉丁美洲2021年经济展望》报告称，加速推进数字转型和绿色增长，将成为未来拉美经济恢复的着力点和新增长点。轨道交通及新能源将是拉美未来两大具有发展潜力的领域。轨道交通方面，拉美地区大多数城市的公共交通系统相对薄弱，城市交通基础设施的发展一直是政府特别关注的问题。波哥大地铁二号线及北部轻轨项目、圣地亚哥大都市区通勤铁路、巴拿马地铁3号线、阿根廷城际客运铁路等多个大型城市轨道交通项目正在规划或进行中。

可再生能源领域方面，拉美地区拥有巨大的发展潜力。据惠誉预计，拉美地区非水电可再生能源装机容量有望从2023年的121吉瓦增长到2032年的204吉瓦，年均产能将以6.4%的速度增长，同期发电量年均增长6%。从市场表现来看，未来十年，巴西、智利、墨西哥、哥伦比亚和阿根廷等五国的非水电可再生能源新增装机容量达75.4吉瓦，占该地区非水电可再生能源新增装机总量的90.8%。其中，巴西以47.4吉瓦的新增装机规模领跑拉美各国。其次是智利，新增装机容量达14.3吉瓦。其余在预测期内新增容量超过1吉瓦的有秘鲁、厄瓜多尔和巴拿马。从细分行业看，太阳能和风能将引领非水电可再生能源领域的电力容量增长。其中，太阳能装机容量将从2023年的45.8吉瓦增长到2032年的89.4吉瓦；风能装机容量将从2023年的50.6吉瓦增长到2032年的85.9吉瓦。目前，巴西、智利、墨西哥、哥伦比亚等国可再生能源开发也将是拉美地区基础设施投资的主要重点。巴西推出"绿色增长计划"，该计划重点关注低碳农业、可再生能源、城市交通、绿色基础设施等领域。智利提出明确目标，将碳达峰时间提前至2025年，到2030年确保其70%的发电来自可再生能源。哥伦比亚能源天然气监管委员会将于2023年5月启动新一轮可靠性电价竞拍以保障国家2027—2028年电力供应的稳定。

近年来，中拉始终坚持走合作共赢之路，经贸合作持续稳步扩大。2022年中拉贸易额达近5000亿美元大关，连续6年保持高速增长，成为拉美经济复苏重要动力。近年来中国与拉美国家持续深化战略合作，共同推动"一带一路"倡议在拉美地区走深走实，对构建中拉命运共同体具有重要意义。拉美是"一带一路"倡议中海上丝绸之路的自然延伸，其中基础设施互联互通是"一带一路"建设的优先领域，也是中拉经贸合作的重要内容。目前已有21个拉美国家与中国签署"一带一路"合作谅解备忘录或合作文件，越来越多的拉美国家希望加入共建"一带一路"朋友圈。中拉基础设施建设专项贷款、中拉合作基金、中拉产能合作专项基金、丝路基金、中拉"1+3+6"的合作新框架等一系列金融政策为拓展市场提供了广阔空间。展望2023年，中拉高访及人文交流将显著增加，中拉贸易往来及经济合作将进一步加强，中拉双方在智能制造、新型基础设施、数字经济、可持续发展等领域具有广阔的发展空间。

拉美各国文化同源、政体相似，其基础设施市场基本面方面具有高度一致性，而资源禀赋、政治环境、经济发展状况、国民素质的差异也使得各个国家具有各自特色。中国企业进入该地区市场较晚，由于语言、文化的差异，认同感和话语权还不高，市场占有率落后于西班牙、意大利、美国、巴西以及本土企业，在建项目的业务模式也多为现汇和EPC+F类项目。欧美企业各类业务模式都有涉及，产业链条较为完整，属地化程度高。

基于拉美未来整体趋势和发展形势的分析，对中国企业在拉美地区开展承包工程业务提出如下建议：

一是创新商业模式，加快转型升级，积极参与拉美各国PPP等业务模式。中国企业应逐渐从工程EPC承包等利润率较低的现汇业务模式走向施工管理能力与投建营融资相结合的道路。近年来受政府财政和融资能力等约束限制，拉美多国逐渐推出采取公私合营模式的基建项目，以吸引本地私人资本和国外资本的投入。拉美地区大多数城市的公共交通系统相对薄弱，城市交通基础设施的发展一直是政府特别关注的问题。未来几年拉美地区的城市轨道交通和非水电可再生能源作为投资的主要目标，将成为基建行业增长的主要引擎。

二是优化拉美国家市场布局，加快企业属地化发展。 拉美地区国别众多，各国市场环境既有同质性，又有各自特色，各中国企业应做好充分调研和评估，根据各国政府重点项目规划和公司自身发展的动态变化，适时调整市场开发政策。对于有重点项目实施的企业，要加强当地资源的整合和管理能力，加快属地化经营进程。积极构建合作伙伴网，建立稳固的合作关系，共同推进项目或联合参加投标，综合各方市场开发优势资源。另一方面，还要重视属地化人才队伍建设，培养一批高质量属地化专业人才，完善用人机制及配套的激励和提升机制，优化属地化人员工作环境。

三是应注意到拉美国家债务率上升带来的资金风险。 传统意义上有预付款、按进度支付的现汇项目将越来越少，要求承包商垫资、完工结算或设置节点结算的项目将成为工程承包市场主流。新形势对中国企业带来较大的冲击，竞争形势日趋激烈，企业必须求新求变，在提高投标竞争力上下功夫，加大对拉美国家商情调研和前期编标投入，通过属地化策略与当地企业及欧美企业抗衡。同时，谨慎参与垫资类现汇项目，中国企业现阶段应参考所在国成功案例，与金融机构共同探讨如何规避相关风险后再作尝试。

四是加强合规管理建设，重视合规风险管控。 近年来拉美各国逐渐加大了对跨国企业合规经营的监管力度，对投标企业的合规提出了更高层次的规范要求，目前部分中国企业的合规体系构建和管理水平还不能满足某些拉美国家的合规要求。2022年多家中国企业遭遇媒体不实报道或涉及政府腐败丑闻，甚至有中国企业驻外办公室遭遇当地政府部门突击检查，导致一些项目推进受阻。中国企业要加强合规体系建设，加强对公司员工的合规培训，与当地主流媒体保持良好的往来关系，出现疑似合规问题时，及时做出澄清、消除疑虑，尽量避免公司遭受合规传闻的负面影响。

第五节　大洋洲市场

一、业务概况

（一）业务规模

2022年中国企业在大洋洲市场业务规模有所突破，新签合同额75.1亿美元，同比下降19.0%；完成营业额59.1亿美元，同比增长6.3%。2011—2022年大洋洲市场承包工程业务走势见下图2-11和图2-12。

（二）主要国别

中国企业在大洋洲承包工程业务主要集中在澳大利亚、巴布亚新几内亚、瓦努阿图等。2022年大洋洲地区新签合同额和完成营业额前5位的市场排名见表2-56。

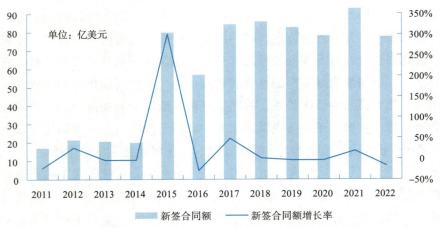

图 2-11 2011—2022 年大洋洲市场承包工程新签合同额走势

图 2-12 2011—2022 年大洋洲市场承包工程完成营业额走势

2022 年大洋洲地区新签合同额和完成营业额前 5 位的市场排名　　表 2-56

单位：亿美元

排名	国别	新签合同额	国别	完成营业额
1	澳大利亚	52.8	澳大利亚	46.2
2	巴布亚新几内亚	7.2	巴布亚新几内亚	8.0
3	瓦努阿图	7.2	斐济	1.7
4	斐济	5.1	所罗门群岛	1.5
5	新西兰	1.8	新西兰	1.3

（三）业务领域

2022 年，中国企业在大洋洲承包工程主要集中在交通运输建设、一般建筑和废水（物）处理等领域。交通运输建设领域优势明显，该领域新签合同额占比约 55%，但出现 24% 的同比下滑。一般建筑和石油化工新签合同额分别呈现出 113% 和 95% 的增长。2022 年大洋洲市场承包工程业务领域分布见表 2-57。

2022 年大洋洲市场承包工程业务领域分布　　　　　　表 2-57

单位：亿美元

排名	专业领域	新签合同额	专业领域	完成营业额
1	交通运输建设	41.1	交通运输建设	36.8
2	一般建筑	21.4	一般建筑	14.3
3	废水（物）处理	6.1	水利建设	2.3
4	电力工程建设	2.9	电力工程建设	1.5
5	制造加工设施建设	1.2	废水（物）处理	0.8

（四）主要项目

2022 年大洋洲市场承包工程业务新签合同额排名前 10 位的项目见表 2-58。

2022 年大洋洲市场承包工程业务新签合同额排名前 10 位的项目　　表 2-58

排名	国别	项目名称	企业
1	澳大利亚	悉尼地铁西线东区隧道项目	中国交通建设股份有限公司
2	澳大利亚	悉尼西环城高速第 3B 标段	中国交通建设股份有限公司
3	澳大利亚	黄金海岸轻轨三期	中国交通建设股份有限公司
4	瓦努阿图	润泊城开发设计、采购、施工（EPC）项目	中国海外工程有限责任公司
5	澳大利亚	上南溪高级水回收中心处理厂－管道项目	中国交通建设股份有限公司
6	斐济	中部道路项目	中铁五局集团有限公司
7	澳大利亚	维州法医心理健康中心扩建项目	中国交通建设股份有限公司
8	澳大利亚	Randwick 悉尼儿童医院（一期）和儿童综合癌症中心主体工程	中国交通建设股份有限公司
9	瓦努阿图	润泊城开发设计、采购、施工项目	中铁上海工程局集团有限公司
10	澳大利亚	墨尔本地铁隧道信号工程项目	中国交通建设股份有限公司

二、市场展望及发展建议

2023 年，澳大利亚建筑业的前景依然看好。众多大型交通、能源和工业项目已进入积极的施工阶段，并有大量的开发项目处于规划和准备开工阶段。最新的《基础设施投资计划》提及，政府对该行业有强有力的支持，私营部门的参与也很成熟，特别是通过在运输基础设施部门使用公私合营的方式。澳政府已经列出了 1100 亿澳元的陆路运输投资计划，这些投资来自滚动的 10 年基础设施投资计划。

惠誉的短期预测显示，2023年澳大利亚建筑业增长率为4.4%。澳大利亚能源和公用事业基础设施较为成熟，工党政府雄心勃勃的气候政策给澳大利亚的基础设施行业带来了上升空间，预计可再生能源项目、绿色氢气项目、电网基础设施将成为重点投资领域，海上风电也将迎来更广阔的市场。

澳洲可再生能源总署向企业开放名为"工业能源转型研究计划"的补贴项目，来支持企业围绕提高产业能源效率、提高可再生能源占比和节能减排进行可行性研究及工程方案，补贴将支付可达50%的有关可行性报告（上限为50万澳元）和详细工程设计（上限为500万澳元）的费用。节能证书节能方案（Energy saving scheme for energy saving certificate）是新南威尔士政府对积极进行新能源转型的组织提出的金融激励政策。每年新州政府将提出具体的节能目标，方案参与者将根据每年投资项目的结果获得政府给予的节能证书，每一张节能证书（esc）代表一兆瓦时能源。

传统基建方面，一系列交通、民生等项目正在筹划中：位于西悉尼耗资53亿澳元的Badgerys Creek机场及周边航空城项目、耗资110亿澳元的悉尼地铁-西悉尼机场铁路线、耗资150亿澳元的墨尔本至布里斯班的内陆铁路、耗资10亿澳元昆州Gabba体育场重建项目、布里斯班耗资54亿澳元新铁路线Cross River Rail等项目值得关注。

世界银行及国际货币基金组织对巴布亚新几内亚（简称"巴新"）2023年经济进行了接近4%的增长的积极预测。巴新新一届政府和执政联盟十分稳定，将为国家创造持续性增长机会，新政府目标是将巴新建成2000亿基那的经济体。巴新作为大洋洲第二大国家，吸引了大量中国企业前往开展承包工程业务，新签合同额和完成合同额连续五年居大洋洲市场第二位。由于巴新基础设施整体状况较差，各类基础设施需求巨大。可以预见，未来公路工程依然是巴新最大的基础设施建设板块。"2020—2040联通巴新"（Connect PNG）基础设施发展规划，计划到2040年新建升级全国13条国家公路主干道和各省主干道，总里程达16000公里，总投资约69亿美元。另外，巴新对电力的巨大需求及对气候变化的重视有望为新能源及清洁能源建设带来新机遇。

大洋洲其他岛国多为农业国，包括萨摩亚、汤加、基里巴斯等，国土陆地面积较小，人口规模一般不超过100万，公路、机场、码头等基础设施整体状况较弱。基础设施建设所需的资金往往依赖国际援助或国际金融机构贷款，本土工程承包企业较小，境内建材、技术工人、机械设备等相对匮乏短缺，施工成本较高。

总体来看，中国企业在大洋洲市场未来整体趋势和发展形势的分析如下：

一是把握发展新机遇，积极拓展新业务领域。一方面，区域全面经济伙伴关系协定（RCEP）正式生效，对促进亚太地区以及各相关国家的经济发展具有重要的积极意义，对澳大利亚、新西兰等国家推动进一步深入发展也将产生重要的积极影响。另一方面，随着大洋洲多国陆续提出2050年实现净零碳排目标，中国企业应密切关注后疫情时代大洋洲基础设施建设的新趋势，聚焦可再生能源、绿色氢气、海上风电、新基建等领域，紧跟该地区相关国家的政策走向，提前做好战略思考和布局。

二是重视项目前期深度调研，做好风险规避和管理工作。 澳大利亚、新西兰等国家用工成本较高，能源和矿产开发项目环境保护要求严格，完成环保审批可能周期较长，项目实施中环保成本较高。建议中企在投资前，应对各方面细节做有深度的调研，并开展相对详细的可行性研究，避免盲目行动。要特别注意事前调查、分析、评估相关风险，这样便于经营过程中做好风险规避和管理工作。对项目或贸易客户及相关方的资信，要做调查和评估；对项目所在地的政治风险和商业风险，要提前分析和规避。

三是加强属地化建设，主动融入当地社会。 中国企业应学习、掌握当地劳工政策，了解工会组织在保障工人权利方面的地位、作用和运作方式。应与当地工会组织和行业工会组织建立经常性联系，介绍中国企业生产和工人管理情况，使工会组织对中国企业有基本了解，同时也听取工会组织对企业劳工管理的意见建议。应采取属地化管理，聘请熟悉当地劳工管理的人员对当地工人进行日常管理，并处理各种突发的劳工事件。

第三章

专业领域业务情况

第一节 交通运输建设业务

一、业务概述

交通运输建设领域业务涵盖了公路桥梁（含高速公路）、铁路（含地铁、轻轨及相关公共交通枢纽）、港口（含港口设施建设）、机场（含航站楼）及其他交通设施建设。

多年来，交通运输建设领域一直是中国企业对外承包工程业务中规模最大的专业领域。我国交通运输建设企业目前已经具备了包括投资、融资、开发、设计、建设、运营和维护的境外项目全产业链综合服务能力，已经成为国际市场的主要参与力量。2022年，受全球经济下行、疫情、乌克兰危机等因素叠加影响，交通运输建设领域业务整体出现波动，但仍体现出较强的发展韧性。2022年新签合同额586.9亿美元，同比下降8.8%，占新签合同总额的23.2%；完成营业额411.2亿美元，同比下降0.8%，占完成营业总额的26.5%（图3-1、图3-2）。

图 3-1 2011—2022 年交通运输建设领域新签合同额走势

图3-2　2011—2022年交通运输建设领域完成营业额走势

（一）市场分布

中国企业交通运输建设业务集中在亚洲和非洲市场，在拉美市场、中东欧、西欧、澳大利亚等市场的业务也稳步发展（图3-3）。

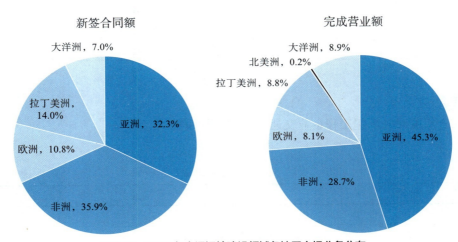

图3-3　2022年交通运输建设领域各地区市场业务分布

2022年交通运输建设领域业务前20的市场排名见表3-1。

2022年交通运输建设领域业务前20的市场排名　　表3-1

单位：亿美元

排名	国别（地区）	新签合同额	国别（地区）	完成营业额
1	坦桑尼亚	36.7	澳大利亚	33.2
2	塞尔维亚	34.3	马来西亚	33.0
3	澳大利亚	31.8	中国香港	22.3

续表

排名	国别（地区）	新签合同额	国别（地区）	完成营业额
4	尼日利亚	31.7	孟加拉国	22.0
5	几内亚	29.7	尼日利亚	19.2
6	沙特阿拉伯	28.7	沙特阿拉伯	18.4
7	新加坡	25.7	新加坡	12.9
8	印度尼西亚	25.6	俄罗斯联邦	11.4
9	哥伦比亚	24.9	肯尼亚	11.0
10	马来西亚	21.2	秘鲁	9.3
11	墨西哥	17.7	几内亚	8.6
12	刚果（金）	15.9	阿拉伯联合酋长国	8.6
13	菲律宾	12.6	埃塞俄比亚	8.2
14	斯里兰卡	12.5	安哥拉	8.1
15	南苏丹	12.1	柬埔寨	7.8
16	玻利维亚	10.8	以色列	7.6
17	伊拉克	10.1	塞尔维亚	7.4
18	智利	9.5	加纳	7.2
19	波兰	9.0	坦桑尼亚	7.2
20	乌拉圭	8.4	科特迪瓦	6.6

（二）主要企业

2022年度对外承包工程企业交通工程30强见表3-2。

2022年度对外承包工程企业交通工程30强　　　表3-2

排名	企业
1	中国交通建设集团有限公司
2	中国铁建股份有限公司
3	中国中铁股份有限公司
4	中国港湾工程有限责任公司
5	中国路桥工程有限责任公司
6	中国电力建设集团有限公司
7	中国建筑股份有限公司
8	中国土木工程集团有限公司
9	中国电建集团国际工程有限公司
10	中国电建集团山东电力建设有限公司
11	中国铁建国际集团有限公司
12	中交一公局集团有限公司

续表

排名	企业
13	江西中煤建设集团有限公司
14	中铁十六局集团有限公司
15	山东高速集团有限公司
16	中铁隧道局集团有限公司
17	北京城建集团有限责任公司
18	中国航空技术国际工程有限公司
19	中交第四航务工程局有限公司
20	中交路桥建设有限公司
21	中铁大桥局集团有限公司
22	中交第二公路工程局有限公司
23	中交疏浚（集团）股份有限公司
24	中交第三航务工程局有限公司
25	上海城建（集团）公司
26	中国机械工业集团有限公司
27	中国河南国际合作集团有限公司
28	中铁七局集团有限公司
29	中国能源建设股份有限公司
30	中国葛洲坝集团股份有限公司

备注：排名以会员企业完成营业额为依据，一级企业包含下属企业完成营业额。

根据2022年度ENR全球最大250家国际承包商榜单（以2021年业务为基础），中国交通建设集团有限公司位列全球国际承包商交通运输建设业务榜单第1位，中国铁建股份有限公司、中国中铁股份有限公司、中国电力建设集团有限公司也进入前十强榜单，分列第6位、第8位和第10位。

（三）重点项目

2022年中国企业在境外交通运输建设领域新签合同额前10的项目排名见表3-3。

2022年中国企业在境外交通运输建设领域新签合同额前10的项目排名　　表3-3

排名	国别	项目名称	企业
1	坦桑尼亚	设计和建造电气化标准轨铁路（SGR）项目二期一标段——塔博拉至基戈马	中国土木工程集团有限公司
2	哥伦比亚	马道斯PPP公路项目	中国港湾工程有限责任公司
3	塞尔维亚	E763高速公路波热加—杜加波亚那段项目	中国路桥工程有限责任公司
4	马来西亚	东海岸铁路项目	中国港湾工程有限责任公司

续表

排名	国别	项目名称	企业
5	斯里兰卡	离岸浮式LNG码头及天然气管道项目	中国港湾工程有限责任公司
6	尼日利亚	巴卡西港项目一期工程	中国港湾工程有限责任公司
7	沙特阿拉伯	交通隧道（山区部分）二、三标段合并项目	中国建筑股份有限公司
8	南苏丹	朱巴—尼穆雷米轨铁路项目	中国港湾工程有限责任公司
9	沙特阿拉伯	麦地那基础设施开发项目	中铁十八局集团有限公司
10	几内亚	KEBO铝土矿铁路专用线建设项目	中国土木工程集团有限公司

二、业务展望

（一）铁路建设领域

1. 全球铁路网络建设概况

根据国际铁路联盟（UIC）发布的全球铁路数据统计，目前国际铁路总里程已达到123万公里，其中亚洲铁路规模最大，达到36万公里；欧洲、北美洲规模次之，分别是34万公里、33万公里，非洲、南美洲、大洋洲铁路规模较小。全球大部分地区既有铁路无论从规模上还是质量上，均不能适应经济发展的需要，部分地区铁路建设的严重滞后甚至制约经济发展。

总体来看，亚洲路网规模最大，但各国铁路网质量差异较大，中国、东北亚铁路网相对发达，东南亚和中亚路网密度较低，各国间铁路整体互联互通性较差。欧洲铁路网覆盖密度和质量均较高，但分布不均，主要集中在西欧、北欧和西南欧诸国。非洲铁路网平均密度仅为每万平方公里33.6公里，居世界各大洲之末，铁路主要集中在南部非洲地区，存在着路网连通性差、技术标准低、年久失修等问题。北美洲铁路网集中在美国和加拿大南部地区，主要服务于货物运输，没有一条真正意义上的高速铁路。拉丁美洲铁路主要集中在巴西、阿根廷、墨西哥三国，铁路基础设施薄弱，线路少、密度低、分布不均，技术落后、设施陈旧，缺乏维修保养，运营管理水平低下。大洋洲拥有三种轨距铁路，主要集中在沿海，运营公司众多。

2. 市场需求与趋势判断

1）市场需求

亚洲地区。亚洲路网规模居各大洲之首，其中中国铁路网突破15.5万公里，分别占亚洲、全球铁路网的43%、13%，高铁规模4.2万公里，居世界第一。2022年2月，中国发布《"十四五"铁路发展规划》，计划到2025年全国铁路网规模达16.5万公里。中老铁路开通运营，标志着酝酿了半个多世纪的泛亚铁路迈出关键一步。"一带一路"倡议将带动泛亚铁路建设进程，推动区域互联互通。目前，泛亚中线泰国境内段已开工建设，西线缅甸木曼段完成可研，东线中越准轨铁路列入中越联合声明，未来泛亚铁路网建设前景广阔。此外，随着中蒙俄、中吉乌、中尼等铁路规划设计工作的推进，越来越多的跨境铁路项目将会转入合作实施阶段。

非洲地区。非洲铁路整体欠发达，根据规划，远期将形成"四纵六横"铁路网，线网规模约6.4万公里。未来非洲新建及升级改造市场广阔，是建设大型骨干铁路项目最具潜力的区域，但需注意的是，近年来非洲不少国家主权债务较高，国际货币基金组织已调高了部分非洲国家的债务风险等级，使非洲国家难以继续向包括中国在内的国家借债来实施基建。目前，非洲国家铁路建设热情普遍不高。截至2023年1月，仅利比里亚、阿尔及利亚、几内亚、坦桑尼亚及乌干达等国家开展了新建铁路或既有线铁路改造推动工作。其中，阿尔及利亚东西铁路主干线、尼日利亚卡诺至马拉迪铁路已正式开工，利比里亚近期将进行邦矿铁路既有线改造，几内亚凯博铝土矿铁路专用线、坦桑尼亚中央线标准轨铁路计划开展可行性研究。此外，乌干达于2021年寻求超过9.76亿美元的资金用于在未来五年修建和修复具有百年历史的铁路系统，非洲发展银行已决定将为该国提供3.01亿美元资金扶持其铁路建设。

中东地区。海湾国家从铁路前期规划到项目实施阶段，欧洲企业居主导地位，在设备和车辆采购方面欧洲企业也占据优势地位。目前，阿联酋已启动总投资约110亿美元、全长1200多公里的联邦铁路规划项目，并将该铁路纳入海湾国家铁路网。伊朗计划在10年内投资75亿美元进行铁路新建或改造。巴林已启动全长109公里、总投资20亿美元的城市轨道交通项目建设。沙特计划到2040年投入973亿美元、分三个阶段新建全长9900公里的铁路。

拉丁美洲地区。拉美地区属于准高端市场，特别在墨西哥、哥伦比亚、智利、秘鲁等准入门槛较高的国家，欧美企业优势明显，当地工程公司也具备天然优势，但中企在劳工、工程物资和设备等方面具有成本优势。巴西自从2021年9月启动Pro Trilhos计划以来，已有19个项目被授权签署合同，据估计，在16个州的铁路网中可以增加多达19000公里的铁路，私营部门的公司在各种计划中的投资高达2240亿雷亚尔。委内瑞拉制定了庞大的"两横三纵"铁路发展规划，计划到2030年底建成拥有16条铁路线、总长达13665公里的铁路系统，但因资金短缺，在建铁路项目基本都已停工，铁路发展规划被迫搁置。2021年，阿根廷政府投资了9亿美元用于推进国内多年的铁路项目，其中包括：罗卡线200辆车增购、贝尔格拉诺南线111辆内燃动车组增购、圣马丁城际铁路电气化、贝尔格拉诺南线高架项目、ATS信号系统加装等。可以看出，目前阿根廷市场对铁路等基础设施建设的投资力度较大，这也为外企投资阿根廷铁路建设市场提供了良好环境。

欧美日等发达国家和地区。近年来，西欧、日本等国大力发展城市轨道和高速铁路建设。尽管欧盟国家基建市场政策门槛较高，但后疫情时期欧盟及其成员国为促经济、稳民生、保就业，出台系列财政宽松政策，并提前释放后疫情时期基建项目的资金储备，为中国企业拓展欧洲市场创造机遇。欧盟已公布将在未来10年间投资1.1万亿欧元，新建总长18250公里的高铁网，联通欧盟各国首都。英国宣布将斥资20亿英镑用于升级和改造公路、铁路等基础设施。美国已通过1万亿美元基础设施法案，未来5年将拨款660亿美元用于铁路和轨道交通建设。2022年5月，加州高速铁路管理局申请13亿美元拨款，用于美国第一个高铁项目。加拿大政府2022年3月发布高频铁路项目征求意见书，计划在魁北克、三河城、蒙特利尔、渥太华、彼得堡和多伦多之间建设更快、更频繁、更方便和可持续的城际铁路服务。澳大利亚的资源配套铁路以及澳新的城市轨道交通逐渐复苏，全长1700公里，耗资逾百亿澳元的内陆铁路项目已经启动。

中东欧及独联体国家。目前，中东欧各国正计划加快高铁建设，并对既有铁路进行升级改造，铁路市场前景广阔。罗马尼亚计划投资21.8亿列伊（约4.42亿欧元）进行CFR铁路升级。由于缺乏适合时速300公里以上的高铁列车运行的基础设施，俄罗斯高速铁路的发展一直受到限制。虽然过去几年间俄罗斯加快推进高铁建设，但受乌克兰危机影响，目前计划处于搁浅状态。此外，俄罗斯规划到2030年投资6770亿卢布对境内2.2万公里的铁路进行升级改造，具体计划执行情况尚有不确定性。波兰计划投资5亿兹罗提用于铁路改造，其中80%的资金来自欧盟基金。捷克计划到2050年投资8000亿克朗建设高速铁路，其中2030年前计划投资为1500亿克朗。

2）发展趋势

预计轨道交通领域将呈现如下发展趋势：

（1）全球高速铁路建设竞争激烈。当下全球各国对于高速铁路的建设竞赛愈加激烈，全球共20多个国家和地区正在修建和规划修建高速铁路，总运营里程超过6万公里，最高商业运营时速达350公里。其中，日、法、德、美、英纷纷投入到更高标准、更高质量以及智能化、数字化高速铁路关键技术的研发中，欧盟提出的以市场为导向的shift2Rail科技创新项目、德国铁路推出的铁路4.0发展规划、法国国家铁路公司提出的数字化法铁项目以及英国提出的数字时代下的铁路发展蓝图等，都是旨在提高和巩固本国高速铁路产品及服务在国际市场的领导地位。高铁里程位居全球第一的中国更是提出加快建设交通强国，将进一步推动时速400公里级高速铁路关键技术、600公里级高速磁悬浮系统技术储备等重大科技研发，为引领世界高速铁路发展奠定坚实的技术支撑。未来高速铁路将更加高速化、智能化、更加注重高质量、高效益发展。

（2）全球轨道交通市场需求持续扩大。对轨道交通产品需求增长较快的市场主要以发展中国家为主。亚洲地区大多数为发展中国家，大量城市人口密度位居世界前列，未来在传统铁路与城市轨道交通建设方面大有可为。非洲地区在外商投资与城市化的双重驱动下，铁路建设将继续高速增长。欧洲以及北美等地区由于建设期较早，存在设备老旧、技术标准低下、电气化率低等问题，与经济发展水平不相适应，未来设备更新、电气化改造、高铁扩建及升级将成为各国大力推动本国经济向区域性发展的重要动力。

（3）铁路装备市场不确定性加剧。 乌克兰危机、能源危机和通货膨胀导致市场环境的不确定性不断加剧，对铁路行业的发展将产生深刻影响。俄罗斯是世界第四大铁路装备市场，因乌克兰危机受到西方严厉制裁，西方发达国家的制造企业大多退出俄罗斯市场，中断了现有项目。欧洲和北美发达国家深受能源价格高企、供应链中断等问题的困扰，由于铁路行业对能源、钢铁、铝等高度依赖，也将受到一定程度的负面影响。

（4）高通胀加重基础设施运营商的负担。 根据《2022全球铁路装备市场发展趋势》研究报告，铁路基础设施的市场规模目前为460亿欧元，占整个铁路行业市场的四分之一左右。受新冠疫情和乌克兰危机影响，钢材和混凝土价格急剧上涨，这对全球铁路基础设施运营商提出了严峻的考验。在预算有限的情况下，不得不延缓在建工程项目和维修项目的建设进度，或者重新调整工程规模，这也迫使各国铁路基础设施运营商更倾向于通过数字化技术而非新建或改造线路来增加运力。

（5）机车市场持续增长。 目前机车车辆装备市场规模为1230亿欧元，预计到2026年将以5.1%（包括通货膨胀）的复合年增长率增长，其中机车市场的年增长率为2.9%。铁路货运对机车的需求尤其大，到2026年，铁路货运机车市场复合年增长率将超过8%。其中，越来越多的调车机车倾向于采取零排放解决方案，高性能内燃机车的绿色解决方案正在开发测试中，但在成熟的解决方案可量化生产之前，内燃机车还将继续在美国等市场畅销。

3. 重点项目

2022年中国企业境外铁路建设领域新签合同额前10的项目排名见表3-4。

2022年中国企业境外铁路建设领域新签合同额前10的项目排名　　　　表3-4

排名	国别（地区）	项目名称	企业
1	坦桑尼亚	设计和建造电气化标准轨铁路（SGR）项目二期一标段	中国土木工程集团有限公司
2	马来西亚	东海岸铁路项目	中国港湾工程有限责任公司
3	南苏丹	朱巴—尼穆雷米轨铁路项目	中国港湾工程有限责任公司
4	几内亚	KEBO铝土矿铁路专用线建设项目	中国土木工程集团有限公司
5	墨西哥	玛雅铁路第一标段项目	中国港湾工程有限责任公司
6	尼日利亚	东线铁路修复改造项目	中国土木工程集团有限公司
7	印度尼西亚	东加里曼丹货运铁路项目	中国土木工程集团有限公司
8	澳大利亚	悉尼地铁西线东区隧道项目	中国交通建设股份有限公司
9	刚果（金）	金沙萨城市铁路项目二期（市内城轨交通网）设计和实施工程	中国电建集团国际工程有限公司
10	澳大利亚	黄金海岸轻轨三期项目	中国交通建设股份有限公司

（二）港口建设领域

1. 全球港口及港口建设概况

2022年，受疫情、乌克兰危机、通货膨胀、欧美库存高企等多重因素扰动，全球集装箱运输市场需求疲软，克拉克森数据显示，2022年集装箱海运量为2.01亿标准集装箱（TEU），同比下降3.1%。分航线来看，多数航线海运量呈现不同程度的下滑。其中，亚欧航线运量跌幅达到11%，为主干航线中跌幅最大的航线；区域内航线运量小幅上涨，同比上涨0.9%，达到8976万TEU。

亚太地区。 中国企业在亚洲地区港口投资建设中，充分发挥了国内港口开发经验，经济建设以港口建设为切入点，拉动周边交通体系、物流体系、临港工业园建设，大力推行"港口+进场道路+工业园""港口+周边基础设备+新城"的产业链发展，港口产业链协同发展已形成趋势，例如斯里兰卡汉班托塔深水港、孟加拉玛塔巴瑞深水港均是以产业链的形式推动周边地区经济发展。专业性码头业务稳步增长，以能源、矿物质、集装箱码头为代表。东南亚及南亚地区地理位置优越，但港口资源有限，随着地区制造业不断向这些亚洲地区进行转移，加上全球航运缺船缺箱的影响，地区港口开发将得到进一步发展。

中东及欧洲地区。 2022年，疫情持续、供应链能力减弱、乌克兰危机等因素导致全球航运出现了更高的运费、更长的运输时间和更局限的选择。中东区域受中东各国推出了长期愿景计划的积极影响，国内市场的需求增长以及高能源价格推高中东地区的购买力，因此中东港口和航运受到的影响相对较小。2022年扩建的港口有埃及Abu Qir港口、阿联酋哈里发港CT3码头、沙特吉达码头。未来，中东将继续依靠优越的地理位置和航线的稳定性，在港口方面将持续吸引运营商，中东区域部分港口将继续作为航运的转运中心。欧洲区域港口主要以功能升级、需求多样性为基础进行港口改扩建。西欧等发达国家港口普遍增加了氢能运输、海上风力发电等功能。面对地缘政治危机、新冠疫情冲击以及国际供应链长期存在的一些问题，欧盟委员会正在积极倡导新的"REPowerEU"能源战略。在此背景下，欧洲多个大型港口逐渐向绿色能源转型，如欧洲最大的港口鹿特丹港正准备建立一个完整的本地和国际供需系统所需的基础设施，致力成为欧洲新的"氢气经济"的关键枢纽。除此以外，鹿特丹港的海上风力发电能力进一步升级，供电能力将扩大至20吉瓦，使其成为迄今为止欧洲最大的电解生产基地。中东欧等欠发达地区的港口仍然以基础设施升级为主进行港口改扩建，如波兰格但斯克港、爱沙尼亚塔林港等港口招标了多个大型基础设施改扩建项目，旨在对港口基础设施进行升级改造，以此扩大港口的基础贸易进出口。故就目前欧洲港口现状而言，有针对性地进行港口改造升级或者新建行业专用港口仍然是未来的主要发展方向，逐步加强港口在国际物流链中的地位，促进低碳经济转型和在供应链数字化方面增加投资是目前欧洲各大港口的重要方向。

非洲地区。 随着全球经济和经贸形势总体长期稳定，非洲经济产业长期将维持稳定增长，未来非洲港口投资建设需求依旧旺盛，区域港口发展格局将不断演变，港产城一体化、陆上物流通道等建设将加快。未来重点发展方向一是新建设区域性的大港，分散既有主港的压力，拓展经济腹地；二是升级改造旧码头结构，提高泊位水平，配置效率更高、更加智能化的设备，提高装卸能力；三是改造旧堆场或扩大堆场面积，保证装卸的连续性，提高转运空间；四是改善港口集疏运条件，新建和修复铁路、公路，建设更加完善的铁路、公路运输网。

美洲地区。 整体来看，从2022年开始疫情的影响逐渐减少，港口生产开始恢复，主要港口的吞吐量逐渐恢复增长，部分国别的港口吞吐量相比疫情前甚至有所增长。伴随拉丁美洲和加勒比地区各国国际化程度不断增强以及5G科技的建设与运用，美洲港口的发展逐渐迈入新的发展阶段。主要体现在国际化程度提升、相关产业链集成程度加大、附加服务不断完善、生态与环保意识增强、运营流程逐步智慧化等方面。从未来看，港口发展将趋于智能化和集约化，码头运营商更倾向于在已有的港口纵深进行投资，提升原港口的物流设施和通达性，以提高港口的运营效率和竞争力，如墨西哥、巴拿马等区域内相对发达的拉美国家，较多私人码头运营商均希望通过码头智能自动化来降低成本和提高码头装卸效率。

2. 中国企业业务

中国企业参与国际港口工程建设的模式趋向多元，投建营一体化成为行业新方向。中国企业参与海外港口项目整体的特点是注重长期投资和合作、整合资源优势、技术和管理输出，同时兼顾当地社会和环境影响，以实现共赢和可持续发展，通过整合其在港口建设、港口经营和物流等领域的资源优势，以提高项目的成功率和效益。中国企业通过技术和管理输出的方式，为当地国家提供专业的港口建设和运营方案，提升当地港口的竞争力和效益，确保项目的可持续性和社会责任。中国企业参与全球各个区域的港口工程建设的呈现如下特点：

亚太区域。 该地区业务承包模式趋向产融合作，投建营一体化成为行业新方向。其中以电力投资配套码头最为明显，以孟加拉国为例，中国企业在孟投资了多个燃煤和LNG电厂，而码头水工配套是中国企业投资的核心内容，码头工程基本都以EPC+F+O&M的模式进行开发，其次是集装箱码头开发，包括斯里兰卡东码头和西码头、孟加拉国吉大港BAY码头等。

中东及欧洲区域。 中国企业在中东区域港口投资及建设过程中，如沙特吉赞港，参与了项目的疏浚吹填、港口建设、港机设备采购、投资运营等全流程阶段，产生了十分广泛的社会效应。中国企业联合和记黄埔中标沙特吉赞JCPDI港口运营权，于2022年9月7日正式开港运营。另外，中国企业中标阿联酋哈里发CT-3港口、沙特达曼第一和第二集装箱升级改造等港口项目。在欧洲区域前20名最大港口中，中国企业已参股11个。其中，最为成功的项目案例是中远海运集团投资的希腊比雷埃夫斯港口。2008 年希腊因金融危机急需寻找投资者，中远海运集团于当年获得该港口经营权，后又入股港口运营公司，至 2016 年，持股比例已增至 67%，拥有了企业决策权。目前该港集装箱吞吐量已仅次于鹿特丹、安特卫普和汉堡，日益成为新丝绸之路海上航线的中心枢纽。2022 年 10 月，德国政府带条件批准中远海运集团收购 CTT 集装箱码头少数股权，即低于 25% 的股权。汉堡港集团与中远海运之间的合作并不会使双方对任何一方产生片面的依赖性。相反，这次的合作加强了供应链，保障了就业并促进了德国的价值链。此次合作也加强了汉堡作为北海和波罗的海地区的重要物流枢纽以及德国作为出口大国的重要地位。

非洲区域。在东非地区，中国企业主要以建设方式参与港口项目，少数项目为建设＋运营，如坦桑尼亚达累斯萨拉姆港、坦噶港、基卢瓦索科渔港、坦噶尼喀湖卡雷马港，以及苏丹牲畜码头等。在西非地区，中国企业主要以两种方式参与区域内港口项目建设，一是以框架或现汇方式中标实施港口基础设施建设，二是投资运营矿石出运码头。西非区域内中国企业在建的港口项目主要有：科特迪瓦圣佩德罗集装箱码头、贝宁科托努港 5 号码头项目、几内亚多个矿石码头建设项目，跟踪的港口建设项目主要有：加纳塔克拉底港基础设施建设项目、贝宁科托努港渔码头项目、塞内加尔达喀尔新港建设项目、毛里塔尼亚努瓦迪布深水港项目、冈比亚班珠尔港扩建项目等。中国企业在中非地区参与的港口投资和建设的重点项目有莱基深水港项目，其投产运营后将对尼日利亚的发展提供重要的支撑，增加大量的就业机会，加强海上运输网络，推动当地经济的发展，带动周边地区的开发，加速港口产业与周边自贸区产业的关联，对当地的经济和社会发展产生积极的影响。中国企业负责建设、与法国公司组成联营体参与运营的喀麦隆克里比深水港是中喀两国经济合作的重大成果，目前一期集装箱码头已投入运营，2022 年克里比深水港集装箱泊位货运量增长强劲，涨幅约 34%，克里比深水港二期项目正在实施中。南部非洲地区，中国企业投资修建了大量港口。其中南非德班港作为南非最大的集装箱港口，近年来，深受设备维护不力、港口车船拥堵等问题困扰。未来 10 年，南非计划投资 1000 亿兰特（约合 450 亿元人民币），用于德班港新码头、深挖现有码头航道、修建货运铁路等工程的建设。此外，在中非合作论坛框架下，莫桑比克贝拉渔码头重建项目既是中莫合作建设的又一大型基础设施项目，也是莫桑比克振兴渔业产业的重点项目。纳米比亚鲸湾油码头是纳米比亚国家战略储备油库，中企承建的纳米比亚鲸湾油码头项目极大地增强了纳米比亚储油能力。项目同时也是纳米比亚政府新港建设规划的重要组成部分，不仅对纳米比亚经济社会发展起到极大的促进作用，对推动南部非洲区域各国发展也将产生积极深远的影响。北非地区，港口项目的建设均为现汇项目，正在实施的主要项目有阿尔及利亚斯基科达油气码头改扩建项目、阿尔泽港扩建项目、摩洛哥卡萨磷矿码头修复项目，通过项目实施，拉动了当地经济的发展，创造了大量工作就业岗位。

美洲区域。随着"一带一路"倡议在拉美延伸,在 2022—2023 年期间中国企业在拉丁美洲和加勒比地区港口投资与在建的项目合同额将超过 10 亿美元。在美洲各重要港口工程均出现了中国企业的身影。中国企业已承建多个项目,主要集中在墨西哥、智利、秘鲁、巴拿马、巴哈马等国。其中,在秘鲁市场,中远海运参与投资的钱凯综合港口为目前拉美最大在建港口项目。此外,中国企业在秘鲁市场重点跟踪和推动还有普库萨纳港、首钢矿石码头项目、马士基卡亚俄港口扩建等项目。在墨西哥市场,中国企业设计、建造了一批重要的港口项目,如墨西哥图克斯潘港、曼萨尼约港、维拉克鲁斯港等港口项目,累计合同额超 7 亿美元。此外,中国企业中标的墨西哥恩森纳达港口扩建项目,合同额 1.4 亿美元,建成后将有力带动中墨之间进出口贸易的增长,同时促进经墨西哥转口到美国的贸易增长。智利市场,中国港湾公司在智利承建了圣文森特码头重建与扩建项目。这是中国企业在智利参与的第一个码头项目。此外,中国企业还参与了智利最大港口圣安东尼奥码头的扩建工程。2022 年境外港口设施建设领域新签合同额前 10 位的项目排名见表 3–5。

2022 年境外港口设施建设领域新签合同额前 10 位的项目排名　　　　表 3–5

排名	国别	项目名称	企业
1	斯里兰卡	离岸浮式 LNG 码头及天然气管道项目	中国港湾工程有限责任公司
2	尼日利亚	巴卡西港项目一期工程	中国港湾工程有限责任公司
3	哥伦比亚	太平洋工业园港口项目	中国土木工程集团有限公司
4	沙特阿拉伯	吉赞商业港投资运营项目	中国港湾工程有限责任公司
5	几内亚	科纳克里石油码头海港项目	中铁二十四局集团有限公司
6	马来西亚	霹雳州 PPRC 炼化综合体码头及辅助工程项目	中国葛洲坝集团股份有限公司
7	阿尔及利亚	阿尔泽港项目	中国港湾工程有限责任公司
8	马来西亚	沙巴油码头扩建项目	中国港湾工程有限责任公司
9	坦桑尼亚	普瓦尼地区刚果金旱港建设项目	中国海外工程有限责任公司
10	刚果(金)	乔波省基桑加尼港口升级改造项目(MOU)	中国江西国际经济技术合作有限公司

3. 发展趋势

港口是具有水陆联运设备和条件,为船舶安全进出和停泊的运输枢纽,全球港口生产持续稳步增长,需求也持续提升。在全球化的大背景下,国际港口发展呈现以下几方面的主要趋势:

(1)**港口万吨级以上泊位将持续增加**。当前各类港口整合的不断加深,以及大型集装箱船舶的出现,将带来更高的容量和效率,但同时也需要港口具备更好的设施和技术支持。因此，该地区的许多港口将会升级和扩建现有的设施，以适应更大型的船只进出港口。未来万吨级以上的港口泊位需求将进一步提升，万吨级以下的港口泊位将逐渐淘汰。

（2）港口开发将向物流和内河港口延伸。未来，海上航运业务将与陆上陆运业务连接更加紧密，为客户提供更加全面的服务。此外，中国企业未来发展应更加重视内陆港口业务，同时参与到当地航运和港口的私有化进程中。

（3）智慧港口的改造及布局势在必行。全球各港口为推动港口运行效率提升，积极实现智慧港口的改造及布局，充分利用现代化信息技术、AI技术、自动化控制技术及智能化机械设备等，推动实现港口作业调度。自动化集装箱码头作为未来港口重点的发展方向，必将引起港口建设新的变革。港口将不断推进技术资源集约化和智慧化，以提高港口的运营效率和安全性，减少资源浪费和环境污染。同时，随着全球贸易的大幅回升，对港口效率的提升也提出了更高的要求，港口必须不断提高其运营效率和服务水平，以满足客户的需求。目前，全球自动化码头主要为半自动化及全自动化港口，其中以半自动化港口的建设为主。面对全球经济复苏乏力、运营成本上升，以及船舶联盟化、大型化趋势，世界各大港口都已开始进行新的战略布局。适应未来港口的发展，需要港口科技的创新与进步，港口科技的关键核心难题是港口水平运输的自动化。积极调整战略思维导向，促进产业升级，推动智能化改革为当下中国企业寻求市场突破的重点。

（4）港口的战略焦点将从控制资源转为精心管理资源。各企业要从优化内部流程转向外部互动，从增加客户价值转为将生态系统价值最大化。受乌克兰危机、新冠疫情以及地方保护主义等因素影响，中国企业未来更加难以依靠"单打独斗""低价中标"的传统方式，需要转变传统经营思路，"带资进组"是一个主要方向，投建营一体化将是未来的趋势。

（三）民航机场建设领域

根据国际民航组织（ICAO）及国际航空运输协会（IATA）报告，预计2022年全球航空客运总量将恢复至疫情前83%。全球所有主要地区均呈现强劲复苏态势，许多与经济和地缘政治相关的不确定性并未抑制旅行需求，尤以亚太地区的增长最为显著。预计2024年客运总量将达40亿人次，将超过疫情前水平，达到2019年客运总量的103%，强劲的复苏将对机场基础设施的改扩建提出新的需求。

全球航空货运方面，2022年全球航空货运需求较2021年有所回落，接近2019年的水平。以货运吨公里（CTKs）衡量，2022年全球航空货运需求同比下降8%，国际需求下降8.2%，与2019年相比下降1.6%。主要经济体政府通过给经济降温来对抗通胀的持续措施或将导致2023年货运量进一步下降。区域来看，预计2023年亚太地区的出口货运量将有所增加；欧洲航空公司所在地区货运持续受到乌克兰危机影响，航空货运需求面临较大不确定性。2022年境外民航机场建设领域新签合同额前10位的项目排名见表3-6。

2022年境外民航机场建设领域新签合同额前10位的项目排名　　表3-6

排名	国别（地区）	项目名称	企业
1	伊拉克	纳西里耶国际机场项目	中国建筑股份有限公司
2	多米尼克	多米尼克国际机场项目	中铁五局集团有限公司
3	南苏丹	托里特国际机场项目	中国建筑第五工程局有限公司
4	刚果（金）	基奎特机场建设项目	中国航空技术国际工程有限公司
5	安哥拉	罗安达新国际机场二期项目	中国航空技术国际工程有限公司
6	尼日利亚	阿布贾国际机场第二跑道及附属设施工程项目	中国土木工程集团有限公司
7	乌干达	Nakasongola机场项目	中交第一公路工程局有限公司
8	中国香港	香港国际机场航天走廊-连接香港口岸及机场航天城陆上高架桥	中国建筑股份有限公司
9	中国香港	香港国际机场第三跑道客运大楼和站坪工程项目机电专业分包工程	中铁一局集团有限公司
10	中国香港	三跑道系统项目-北跑道改建工程	中国建筑股份有限公司

亚太地区是全球经济规模最大、最具发展活力的地区。随着地区经济的快速发展，亚太地区更是成为全球民航发展最活跃的地区，客运量和货运量在全球航空业中的占比均为最高，疫情影响下航空业务量恢复速度较快。澳大利亚、新西兰、日本、韩国等发达国家市场准入制度严格，不易进入；东南亚及南亚、中亚国家政策支持力度大，且接连与多国签署自贸协定，并成功签署区域全面经济伙伴关系协定（RCEP），将助推经济发展及航空客、货运量的提升，民航基础设施市场具备深挖潜力。

非洲地区拥有占世界16%的人口，且人口增速快，预计2050年将达到世界人口的1/4，民航业增长潜力大。目前非洲航空业面临的主要挑战是航空网络关联性差和配套基础设施薄弱。非洲联盟自2018年正式启动了非洲单一航空运输市场，通过这一举措进一步消除非洲国家之间的航空准入限制，推动非洲国家民航在各国之间航行自由，降低运输成本，为非洲民航业发展注入活力。在民航基础设施方面，非洲机场密度低、航线网络布局欠缺，通达性较差，其航线密度、机场密度都远远低于其他地区。现有机场设施陈旧，一些跑道破损严重，无法满足运营及安全的需求。随着非洲单一航空市场的建立，及非洲各国人均GDP的逐步提高，机场改扩建及新建的需求将同时扩大，但由于疫情形势，非洲各国经济增长放缓，多国达到债务红线，对建设项目的融资能力、投资决策均产生较大影响。

中东地区经济条件与民航发展较好，主要风险为各政府当局对机场设计及建设要求标准高，市场规则较复杂且竞争激烈，法律条文不够明确。目前，主要竞争国土耳其在该区域逐步减少业务，形成了一定的市场空间，企业可以在充分做好前期市场调研，并对项目合同、成本进行精细化管理的前提下，发展该区域业务。

拉美加勒比地区对于机场进行全方位改造的需求较大。拉美地区基建资金短缺严重，倾向采用 PPP 或 BOT 等形式参与基础设施建设，需要企业具备较强的融资能力。

北美地区由于受中美关系影响，中国企业特别是国有企业若参与其民航等关键基础设施的建设，易遭到美相关审查机制的严格乃至"政治化"审查，技术壁垒高等因素，进入困难。

西欧地区被巴黎机场集团建筑设计公司（ADPI）等传统老牌企业垄断，且欧洲发达国家企业本身工程能力很强，在设计施工管理方面拥有先进经验，相关制度规范很完善，技术标准完备，对于环保等要求极其严格，进入也较为困难。

在俄罗斯及中东欧地区，俄罗斯具有较为完善的铁路、机场等交通基础设施，但其中大部分建成时间较早，目前设施老化严重。俄罗斯虽每年都有一定的财政预算用于基础设施更新改建，但是依旧存在较大的资金缺口。为保证本国基建行业企业的发展，俄罗斯基础设施项目设有准入门槛，一般要求投标企业加入行业自律组织协会。如果企业能够满足行业准入条件，改建修复类项目会有较大需求。中东欧地区除基础设施亟待修复外，也存在一定的新建需求，但由于经济发展较为低迷，资金和建设力量均较为缺乏，项目推动比较缓慢。未来行业发展与各国经济政策导向密切相关，且该地区受地缘政治影响较大，东西方势力在该区域角力现象突出，这也给项目开发带来较大不确定因素。

目前，民航机场建设项目呈现以下发展趋势与特点：

一是当前市场形势下，预计全球航空市场的洗牌与变革速度将加快。亚太、拉美和非洲等区域航空运力恢复速度较快，且上述地区新兴经济体机场建设需求量大；全球整体航空业务量将会随着新冠疫情控制的稳定及全球 GDP 的增长而回升，航空业依旧是全球经济发展的重要引擎，机场建设市场发展可期。

二是民航机场建设项目与公路、铁路和港口等项目相比，具有投资金额小、施工周期短、项目自身还款能力强、国际影响力大等优势，但也同样存在着专业性强、环境影响大、施工难度高、保障安全运行压力大、工程参与方多等特点，因而机场建设机遇与挑战同在。

三是机场建设的投资弹性较大。可从几亿到十几亿美元，项目的建设期和还贷期一般都较长，因此项目的规划和投资定位十分重要，项目风险在此阶段可能埋下伏笔。民航机场工程是一个复杂的、专业性较强的系统工程。需要结合地区的经济发展水平、人口状况、区域交通设施、航线网络分布等因素，分析确定机场的等级和规模；需研究外部交通衔接、空域状况、气象、水文地质条件、电磁环境等对机场建设的影响；机场的规划布局涉及跑道、站坪、助航灯光、通讯导航、航空油料、航站楼工艺、弱电系统、飞行程序等设施和技术。因此，机场项目不同于一般交通基础设施项目，"决策－实施－运营"整个项目生命周期都需要进行系统的、专业的分析和论证，需要专业公司的参与。

四是结合国内外机场建设经验来看，项目前期定位不清，规模脱离实际需求，不考虑民航机场专业技术风险，在后期将会导致项目超支，建成后可能部分功能缺失或存在隐患，带来业主拒付和索赔风险等。未来"投建营"项目将成为主流，前期是否对机场的定位、规划及运营需求进行把握，对于整个项目的经济效益影响十分突出。

（四）公路建设领域

公路工程领域互联互通依然是促进区域经济快速发展的主要动力。随着"六廊六路"互联互通架构基本形成，公路项目也逐渐过渡到高质量、可持续发展业态，同时更加注重沿线港口、机场、城市、园区、能源等领域的联动开发。

2022年中国企业在境外公路设施建设领域新签合同额前10的项目见表3-7。

2022年境外公路设施建设领域新签合同额前10的项目排名　　表3-7

排名	国别（地区）	项目名称	企业
1	哥伦比亚	马道斯PPP公路项目	中国港湾工程有限责任公司
2	塞尔维亚	E763高速公路波热加－杜加波亚那段项目	中国路桥工程有限责任公司
3	利比里亚	BOMI矿公路及矿石中转站建设、矿石破碎与运输合同	中铁十一局集团有限公司
4	沙特阿拉伯	麦地那基础设施开发项目	中铁十八局集团有限公司
5	智利	5号公路奇廉至科伊普伊段特许经营项目	铁建国际集团有限公司
6	塞尔维亚	诺维萨德－鲁马快速路项目	中国路桥工程有限责任公司
7	俄罗斯	莫喀高速公路项目第五标段	铁建国际集团有限公司
8	伊拉克	杜胡克省炼化项目配套设施项目包	中国电建集团国际工程有限公司
9	澳大利亚	悉尼西环城高速第3B标段	中国交通建设股份有限公司
10	玻利维亚	波多西公路项目二期	中铁国际集团有限公司

三、工作建议

（一）业务发展趋势

回顾中国企业参与国际交通运输建设项目的历程，结合国际交通运输建设的未来发展态势，综合分析中国企业参与国际交通工程建设具有如下发展趋势：

1. 交通运输建设领域发展前景依然广阔

根据2022年度美国《工程新闻纪录（ENR）》"全球最大250家国际承包商"榜单，250家上榜企业总营业额约为3979亿美元，其中交通运输领域的总营业额约为1321亿美元，占比约为33.2%，仍然是各专业领域中占比最大的领域；2022年我国对外承包工程项目新签合同总额中，交通运输类项目占比为24.9%。根据麦肯锡全球研究院预测，从当前至2040年，全球每年投入交通基础设施建设的资金将超过2万亿美元。如越南发布的《2021—2030年及面向2050年铁路网规划》，预计总投资超过100亿美元；印度尼西亚计划到2030年投资300亿美元用于新建总长12965公里铁路；西非地区尼日利亚、科特迪瓦、贝宁、多哥、加纳等国共同规划建设拉各斯至阿比让高速公路，预计投资超过150亿美元。2020年至今，各国交通运输建设领域的基础设施建设计划虽有部分出现缩减与延缓，但既定建设计划将逐步落地。同时，考虑到新冠疫情后各国均面临的较紧张的财政和融资环境，投资规模适中，拉动经济和就业作用强的"小而美"项目或将得到优先推动。

2. 业务开发模式多元化趋势明显

多年来，中国企业参与国际交通运输建设业务的模式趋向多元，业务模式涵盖施工总承包（EPC）、EPC+F–EPC+F+O&M不断发展，从单一设施建设，向物流园区、工业园区、经济特区等综合开发扩展。以港口、铁路、公路项目带动临港产业集群和城市开发的"港口＋园区＋城市"综合一体的"产融合作"开发模式，成为交通建设领域走出去的新趋势。政府和社会资本合作（PPP）模式以"互利共赢"的优势成为行业龙头企业探索产融合作模式的优先选择。此外，"投建营一体化"模式，集规划设计、项目投资、建设以及运营维护于一体，既有利于实现对外投资合作业务可持续发展，也有利于推动国际产能和装备制造合作，与PPP模式呈现有机结合、互相促进的局面。此外，随着市场投资者主体结构的不断变化，EPC、PMC等交钥匙工程模式，以及BOT、BOOT、PPP等承包方式逐渐采用，工程项目利润重心由施工环节向产业链前端的规划设计、咨询和后端的运营维护环节发生转移。

3. 市场对企业综合服务能力的要求持续提高

随着国际交通运输呈现出的高速化、集成化、高科技化、智慧化、绿色化、品质化的发展趋势，对参与建设企业提供涵盖规划研究、勘察设计、技术咨询、监理服务、设备供应、运营维护等全产业链，以及物资贸易、基础设施投融资等多领域综合服务能力的要求日益提高。具备较强综合服务能力、较强抗风险能力的综合型承包商的业务开拓优势将不断增强，行业马太效应将进一步凸显。

4. 企业经营管理水平不断提升

随着国际交通工程领域项目的综合化、大型化趋势，对项目参与企业经营管理的科学化、信息化、规范化等方面水平提出了更高要求，为降低成本、提高效益，工程企业需要积极推进技术创新、管理创新、模式创新。通过运营管理体系建设，加大对经营机构及项目的管控力度;依托信息化、大数据等管理手段,对项目的成本进行全过程管控;通过扁平化结构进行项目管理,减少中间环节,提高效率和效益。通过参与国际交通工程市场竞争的过程,推动自身的经营管理水平迈上新的台阶。

(二)主要困难和挑战

1. 全球交通治理体系亟待改进

全球交通运输建设不仅要在各国内解决自身与经济社会,以及各种运输方式之间的协调发展问题,还要在国际层面上解决各国间的协调发展问题。当前国际交通的不协调不平衡问题十分突出。发达国家目前已形成完善的综合交通运输体系,交通科技创新成果、智慧交通建设的产生与发展速度遥遥领先于发展中国家。完善全球交通治理体系的关键在于推动各国优势互补和专业化协作,促进世界交通运输的协调发展,减少市场准入、技术标准等方面的壁垒,进而构建善治的全球交通治理体系,推动全球化复合型基础设施网络建设。

2. 投融资诸多难题尚未破解

交通运输设施建设与维护需要高强度的资本投入,财政预算紧缺是全球交通运输发展的最大障碍。交通运输建设的投融资领域尚有诸多难题需要破解。如:通过何种机制把资金优先投资到有利于交通安全和运输服务的维修和改善上,特别是投资于农村和落后区域。如何发挥市场机制作用,推行基础设施建设养护一体化的 PPP 模式。如何通过 TOD(以公共交通为导向的开发)模式用好未来收益,解决交通建设长期资金来源。如何发挥好政府投资杠杆撬动作用,通过建立政府性交通发展基金和外部溢出效益补偿机制吸引社会资本,解决基础设施财务的可持续性等。在当前市场形势下,资金紧缺,将严重制约市场的发展速度,影响企业参与市场开发与项目实施的积极性。

3. 业务发展的质量水平有待进一步提高

目前中国企业实现业务高质量可持续发展,在项目实施过程中不断"提质增效"的理念日益增强。但整体业务质量仍有待提高,部分企业经营管理水平不高,盈利能力较差,大部分企业投融资、项目管理与运营能力不强。除少量具备国际先进水平的头部企业,大部分企业仍集中在产业链条下游、利润较低的施工领域,大概率靠成本价格进行国际竞争。在全球发展面临深刻复杂变化以及我国经济进入双循环相互促进新发展格局的背景下,推进我国对外承包工程业务迈向国际基建产业价值链高端,实现高质量发展是大势所趋。

4. 技术标准障碍仍然存在

交通运输领域对标准的依赖性尤为明显,而各国市场间的标准差异成为工程企业需要跨越的重要门槛。多年来,中国交通领域技术标准已逐步走向国际市场,但总体来看,国际市场对我国技术标准的认识仍相对陌生,欧美标准仍占据主导位置。国内的设计、设备、材料标准自成一体,尚未与国际市场完全接轨。此外,业务所在国别的市场准入条件和管理法规往往制约了中国企业进入当地市场。遵循国际标准化工作规则，统一制定中国标准外文版并在对外投资、技术出口和援建工程中推广使用，与共建"一带一路"国家加强标准化对接和标准融合，具有典型的示范意义。而多双边标准技术认证协议的签署，则可在更广泛的国际交通运输基础设施合作项目中产生影响。

5. 专业人才缺乏

专业人才缺乏是中国企业参与国际交通基础设施建设面临的主要问题之一。交通运输工程专业性强，技术要求高，交通运输建设企业要实现高质量发展，需要打造一支技术过硬、具备国际视野、综合能力拔尖的复合型人才队伍。中国企业通过多年的实践积累，已培养出一批专业水平较高的国际交通工程技术和管理人才，但大多集中于行业骨干企业，而大批中小型企业、地方企业、民营企业对专业人才特别是复合型人才的需求十分迫切。此外，部分企业年轻干部职工走出去的积极性下降，使人才队伍断层现象愈发明显。需要企业加强自身的创新能力建设，探索科学的施工方法和管理方法，结合完整、合理的培养机制与实践机会，大力培养复合型、创新型人才，完善人才梯队，与国际高水平接轨。

（三）相关工作建议

1. 打造低碳、绿色、数字化交通体系

提升绿色可持续发展能力，积极探索绿色发展新路径，加强科技创新，把绿色发展的概念贯穿到项目开发与建设运营的全过程，建设绿色低碳交通基础设施项目。推动产业链实现网络化、数字化、智能化发展，加快与传统项目建设的融合，加速数字赋能，推广"新基建"理念，加大人工智能、区块链、大数据、物联网、5G等技术在公路、铁路、航运、机场建设等领域的应用力度，打造"智慧公路、智慧轨道、智慧港口、智慧机场"，充分利用信息技术，解决建设过程中安全、成本、进度和质量等问题，提升经营效率、降低运营成本。

2. 加强人才队伍培养

企业加强自身的创新能力建设，探索科学的施工方法和管理方法，结合完整、合理的培养机制与实践机会，培养一批熟悉国际交通工程技术标准、规范和市场运行规则、国际通用专业化管理模式、项目索赔合同条件及法律条文、相关地区市场的专门人才，同时做好人才储备工作，建立完善专业人才梯队。

3. 加强设计咨询的引领与推动作用

"承包强、设计弱"是我国对外承包工程长期面临的问题，交通运输基础设施建设与设计咨询紧密相连，目前中国企业的设计咨询能力与项目实施能力相比还相对滞后，存在着走出去动力、能力与支持力度不足等问题。弥补短板，增强设计咨询服务能力，优化设计咨询与承包工程企业间的合作模式，将可以有效提升中国企业实施对外承包工程项目的能力。"规划引领，设计先行"对于推动中国企业在国际交通运输领域深耕市场、提前介

入项目、延伸产业链条等方面具有重要作用，建立与我国对外承包相匹配的设计、规划、咨询能力，仍将是"十四五"期间我国对外承包工程行业由链到环的重要保障。

4. 加强国际化合作，争取互利共赢

面对日趋激烈的全球市场竞争，一方面中国企业应进一步加强与国际大型承包商、设计咨询企业、设备制造厂商在基础设施建设和装备建造上的合作，积极开拓第三方市场，提升市场本地化运营能力。另一方面，政府有关部门及相关机构应持续加强与相关国际组织的事务合作，深入参与交通运输全球治理，积极参与交通运输领域国际规则和标准制定，积极推动全球交通治理体系变革，加快落实联合国2030年可持续发展议程框架下的交通运输事项，为中国企业参与国际交通基础设施建设创造更有利的政策与市场条件。

第二节 电力工程建设业务

一、业务概述

2022年，中国企业在境外电力工程建设领域新签合同额364.3亿美元，同比下降25.1%，占年度对外承包工程新签合同总额的14.4%；完成营业额216.8亿美元，同比下降25.2%，占年度对外承包工程完成营业总额的14%。2011—2022年境外电力工程建设领域业务走势见图3-4和图3-5。

（一）市场分布

亚洲是中国企业电力工程建设业务规模最大的区域市场。2022年，中国企业在亚洲市场电力工程建设业务新签合同额占该领域海外业务总量的54.8%，完成营业额占

图3-4　2011—2022年境外电力工程建设领域新签合同额走势

图 3-5　2011—2022 年境外电力工程建设领域完成营业额走势

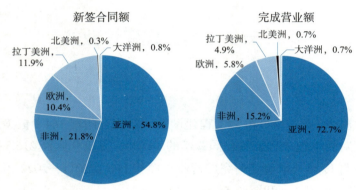

图 3-6　2022 年电力工程建设领域各地区市场业务

该领域海外业务总量的 72.7%。第二大电力市场为非洲，新签合同额占总体业务量的 21.8%，完成营业额占 15.2%。2022 年电力工程建设领域各地区市场分布见图 3-6。

2022 年电力工程建设领域业务前 20 的市场排名见表 3-8。

2022 年电力工程建设领域业务前 20 的市场排名　　表 3-8

单位：亿美元

排名	国别（地区）	新签合同额	国别（地区）	完成营业额
1	越南	46.5	巴基斯坦	27.5
2	乌兹别克斯坦	17.2	孟加拉国	22.0
3	安哥拉	16.3	阿拉伯联合酋长国	19.8
4	菲律宾	15.6	越南	18.7
5	沙特阿拉伯	14.8	印度尼西亚	14.2
6	阿根廷	13.0	沙特阿拉伯	8.5
7	老挝	12.7	乌兹别克斯坦	6.3

续表

排名	国别（地区）	新签合同额	国别（地区）	完成营业额
8	印度尼西亚	12.5	安哥拉	5.5
9	阿拉伯联合酋长国	11.4	菲律宾	5.2
10	柬埔寨	10.2	伊拉克	5.2
11	智利	9.3	土耳其	3.9
12	孟加拉国	8.7	津巴布韦	3.6
13	墨西哥	8.7	坦桑尼亚	3.3
14	刚果（布）	8.4	智利	3.1
15	罗马尼亚	8.4	老挝	3.1
16	伊拉克	8.3	印度	3.0
17	埃及	8.0	西班牙	2.9
18	马来西亚	7.2	阿根廷	2.9
19	哥伦比亚	6.0	肯尼亚	2.7
20	南非	5.9	柬埔寨	2.6

（二）主要企业

2022年度对外承包工程企业电力工程30强见表3-9。

2022年度对外承包工程企业电力工程30强　　　　表3-9

排名	企业
1	中国电力建设集团有限公司
2	中国能源建设股份有限公司
3	中国电建集团国际工程有限公司
4	中国葛洲坝集团股份有限公司
5	中国机械工业集团有限公司
6	山东电力建设第三工程有限公司
7	中国机械设备工程股份有限公司
8	上海电气集团股份有限公司
9	中国电力技术装备有限公司
10	中国能源建设集团天津电力建设有限公司
11	中国东方电气集团有限公司
12	上海电力建设有限责任公司
13	哈尔滨电气国际工程有限责任公司
14	中国铁建股份有限公司
15	特变电工股份有限公司
16	中国能源建设集团浙江火电建设有限公司

续表

排名	企业
17	北方国际合作股份有限公司
18	中国能源建设集团广东火电工程有限公司
19	中国冶金科工集团有限公司
20	中冶南方工程技术有限公司
21	中国建筑股份有限公司
22	中国能源建设集团广东省电力设计研究院有限公司
23	中国江西国际经济技术合作有限公司
24	中国电力工程顾问集团西南电力设计院有限公司
25	中国核工业建设股份有限公司
26	中国电建集团贵州工程有限公司
27	中能建国际建设集团有限公司
28	中铁建国际投资有限公司
29	中国通用技术（集团）控股有限责任公司
30	中能建建筑集团有限公司

备注：排名以会员企业完成营业额为依据，一级企业包含下属企业完成营业额。

（三）重点项目

2022年中国企业在境外电力工程建设领域新签合同额前10项目见表3-10。

2022年中国企业在境外电力工程建设领域新签合同额前10的项目排名　　表3-10

排名	国别	项目名称	企业
1	安哥拉	卡古路卡巴萨水电站项目	中国葛洲坝集团股份有限公司
2	阿拉伯联合酋长国	Al-Dhafra 2100兆瓦光伏电站建设项目	晶科电力科技股份有限公司
3	罗马尼亚	克卢日661兆瓦燃气-蒸汽联合循环热电站	中国电力工程顾问集团东北电力设计院有限公司
4	越南	MK奇英海上风电项目（400兆瓦）	中国电建集团国际工程有限公司
5	老挝	孟松600兆瓦山地风电项目	中国电建集团国际工程有限公司
6	越南	德农风电项目	阳光新能源开发股份有限公司
7	沙特阿拉伯	红海公用事业基础设施项目	山东电力建设第三工程有限公司
8	乌兹别克斯坦	费尔干纳州1500兆瓦风电项目	中国葛洲坝集团股份有限公司
9	刚果（布）	穆哈拉水电站及配套输变电项目	中国葛洲坝集团股份有限公司
10	南非	红石100兆瓦光热电站项目	山东电力建设第三工程有限公司

二、业务展望

（一）市场需求和趋势判断

全球电力需求在 2020 年经历小幅下降之后，已连续两年恢复增长。2022 年全球电力需求同比增长约 2%，但低于 2021 年 6% 的增长率，其原因在于尽管全球经济复苏带动能源需求增加，但乌克兰危机引发全球能源危机，天然气和煤炭等能源产品价格飙升，电价也随之大幅上涨，抑制了大多数地区的电力需求增长。

国际能源署 2023 年 2 月发布《电力市场报告》，对 2023—2025 年全球电力市场发展情况做出预测。可再生能源和核能将在满足全球电力需求增长方面占主导地位，满足 90% 以上的增量电力需求。全球天然气发电量和燃煤发电量将大致保持平稳。可再生能源在全球电力结构中的占比将从 2022 年 29% 上升到 2025 年 35%。

短期看，全球能源危机对世界电力需求产生了不利影响；但从中长期看，发展中国家电力需求增长仍将持续。根据国际能源署预计，亚太地区 2023—2025 年电力需求将以每年 4.6% 的速度稳步上升，其中 66% 的增量需求将由可再生能源满足。由于美洲地区经济增长放缓，2023 年电力需求将不会增加，2024 年和 2025 年将以年均 1.5% 的速度增加；非洲地区预计 2023 年非洲电力需求将同比增长 3% 以上，2024 年和 2025 年增长率平均为 4.5%。

随着世界多国力推"碳中和"，部分国家与政府宣布不再支持新燃煤电站开发项目，中国也已做出"2030 碳达峰"和"2060 碳中和"的承诺，这将对未来全球能源发展趋势产生深远影响，将为燃气发电、风电、光伏、储能等清洁新能源领域带来众多的发展机遇。能源危机使各国重新关注核电在促进能源安全和降低碳排放方面的作用。多个欧洲国家已开始加速推进核电建设。2023—2025 年，全球核发电量的年均增长率将达到近 4%，远高于疫情前 5 年的 2%。

1. 国际新能源领域

世界能源结构正在加快向多元化、清洁化、低碳化转型，随着技术进步及新材料的应用，风能、太阳能、海洋能等清洁可再生能源开发效率不断提高，技术经济性和市场竞争力逐步增强，发电成本不断降低，包括光能、风能、水力、生物质能等在内的可再生能源发电成本不久将逼平化石燃料发电成本，推动可再生发电成为全球能源主导。2022 年全球新增电力装机容量中，以光伏、风电为主的可再生能源新增装机占比达到 83%，占绝对主力地位。根据国际能源署预测，到 2050 年，全球风电容量将达到 6044GW、光伏容量将达到 8519GW、储能容量将达到 5827GWh，分别是 2021 年的 7.3 倍、10 倍和 8.17 倍。

光伏领域，投资需求主要来源于发达国家、非洲、中东和拉美地区。中国、美国、印度、日本等光伏装机容量增幅较大，非洲光伏市场虽起步较晚，但发展空间巨大，未来五年全球新增光伏总容量将超过 750 吉瓦（平均每年 150 吉瓦）。风电领域，中国、欧洲、美国、英国、俄罗斯将成为未来风电市场增长的主要驱动力。未来五年，全球新增风电总容量将超过 350 吉瓦（平均每年 70 吉瓦），预计中国和欧美发达国家依然占多数份额，其他发展中国家市场份额在 20%~25% 左右，共有 70~87.5 吉瓦。氢能领域，全球氢能市场快速升温，日韩、欧美、澳大利亚、俄罗斯等国均密集出台氢能规划，加快氢能发展步伐。全球离网分布式能源系统也在加速发展，主要增长来源于撒哈拉沙漠以南非洲地区、印度和东南非地区。垃圾发电领域，城市垃圾处理及焚烧发电业务在亚太、欧亚及中东北非区域面临越来越多的机遇和需求。其中，亚太地区是全球垃圾发电市场的主导力量，未来 5 年该地区垃圾发电市场复合年均增长率约 11%，中国、日本、印度等亚洲国家有望在低成本垃圾发电方面创造更多商机。

随着"一带一路"建设的深入推进，新能源产业走出去由点到面，呈现出全品牌、全球化拓展，具有地域覆盖面广、合作模式丰富多样、合作内涵不断提升等鲜明特点。在全球低碳发展的背景下，中国企业广泛参与国际资金合作、技术合作、政策合作和市场合作，建设新能源基础设施，助力低碳经济发展。在太阳能光伏领域，中国具备全球最大的光伏全产业链开发和建设优势，非洲还有很多的无电地区人口，需要低价可负担得起的清洁能源，需要各方助力共同推动光伏产业的发展，才能实现联合国 2030 年人人享有可再生能源的目标，达到电力人人可及、惠及大众。欧洲是新能源比例最高的地区之一，具有完善的新能源政策和激励机制，欧洲风电发展一直处于领先地位，特别是海上风电，而中国海上风电处于起步阶段和快速发展阶段，中国乃至亚太的海上风电市场具有良好前景，逐步成为新的开发和投资热点。中东地区在积极应对全球能源转型和低碳发展，各国政府正加大新能源开发力度，积极布局新能源产业，促进本国经济社会可持续发展。

2. 国际水电领域

依据相关统计资料，全球水电技术可开发总量约为 15.8 万亿度 / 年（15847.4TWh/年），全球水电经济可开发总量约为 9.6 万亿度 / 年（9633.9TWh/年）。全球各区域水电开发程度见表 3-11。

全球各区域水电开发程度 表 3-11

洲别	技术可开发量 TWh/年	2020 年发电量 TWh	水电开发程度
亚洲	7960	2103.46	26.43%
非洲	1645	139.54	8.48%
欧洲	1195	674	54.40%
南美洲	2859	690	24.13%
北美洲	1955	724	37.03%
大洋洲	186	39	20.97%
总计	15800	4370	27.66%

世界银行报告显示，世界缺电人口超10亿，其中绝大多数在亚洲和非洲，尤其是非洲。这些区域水资源丰富，开发程度低，水电是解决电力短缺的重要途径。目前，世界上有100多个国家已经明确表示将继续发展水电。水电开发程度较高的北美洲、欧洲等发达国家，开发早，升级需求大；亚洲、非洲、南美洲等发展中国家，水电开发程度低，未来开发潜力很大。

国际水电市场持续发展的动力主要为持续的人口增长，带来对水和能源的持续需求。水资源短缺，饮用水安全保障等问题持续推动水利水电综合枢纽工程的建设需求。全球受洪水灾害严重影响的地区，如印度、孟加拉国、中国、越南和柬埔寨等，这些区域水利水电综合枢纽基础设施仍然存在较大发展空间。

受洪水、干旱、电力短缺、水生态环境恶化等因素的困扰，全球众多国家，特别是水利水电基础设施薄弱的国家，大多将水资源和水电开发作为首要战略任务。因此，这些区域的水电行业发展具有广泛的迫切需求、发展动力和发展前景。

根据《世界能源展望》水电年均增量图分析，初步预测2017—2030年全球水电总增量与2005—2017年全球水电总增量相比略有减少，由于中国国内水电增速显著放缓，预测期内国际水电增量同比将显著提高；2030—2040年全球水电总增量将大幅度减少，其增长幅度不及2017—2030年增加量的一半。预测水电的年增长率在1.3%到1.6%之间，低于过去20年的2.6%。水电在全球发电中的份额大致稳定在15%左右。经济的不断增长和电力需求增加，提高了开发亚洲、拉丁美洲和非洲地区丰富水电资源的经济可行性。

3. 国际火电领域

火电是传统能源行业核心，在全球能源体系中占据较大份额。全球火电发电量中，燃煤发电占59%，燃气发电占36%，燃油发电占5%。随着全球对碳约束的持续收紧，全球煤电正面临不得不达峰的状况。北美、欧盟等煤电装机大幅减少，未来市场发展的重心在亚洲，包括印度以及亚太的部分国家。除中东外，燃油发电在全球范围内将普遍减少；天然气需求2035年前后将进入峰值平台期，天然气发电更多地用于保障高峰时段电力供应，并为可再生能源消纳提供灵活性支持。国际能源署（IEA）表示，未来20年，燃油发电年均下降6.7%，燃煤发电年均下降0.8%，燃气发电年均增长0.2%。

4. 国际输变电领域

由于各国的经济和社会发展水平不一致，各国的电网发展情况存在较大差异。欧美发达国家已经形成以电力市场为中心的、完整并高度发展的电力系统，其电力发展的主要诉求为智能化、自动化，在保障系统安全可靠的前提下，更多接入新能源，促进能源转型。而撒哈拉以南非洲国家及缅甸、印度等国家的电力系统仍然处于较为薄弱阶段，其主要目标是增加电网接入率，降低电网损失。

各地区电网现状特点不一。亚洲电网包括中国互联电网、俄罗斯－波罗的海互联电网、海湾地区互联电网等多个区域性互联电网，以及日本、韩国、印度和东南亚等国家电网，尚未形成全洲统一的互联电网。亚洲电网覆盖48个国家和地区，总装机容量24亿千瓦，总用电量约10万亿度，供电人口约40亿人。欧洲电网是全球互联程度最高的洲级电网，欧洲输电网运营商联盟覆盖了34个国家，装机容量10.07亿千瓦，发电量3.35万亿度。北美洲电网包括美国、加拿大、墨西哥等各个国家级电网，以及中美洲互联电网。北美互联电网总装机容量约12亿千瓦。南美洲尚未形成全洲统一的互联电网，主要有北部和南部两大跨国互联电网，覆盖14个国家，总装机容量2.4亿千瓦，总用电量约1万亿度，供电人口约4亿人。非洲电网覆盖50余个国家和地区，总装机容量1.5亿千瓦，总用电量7000亿度，供电人口约10亿人。非洲各国电网之间总体联系较弱，各国电力以自平衡为主，除了南部非洲互联电网外，尚未形成其他区域互联电网。大洋洲电网覆盖14个国家，供电人口3000万人，总装机容量7500万千瓦，总用电量3000亿度。

预计全球电网发展趋势将呈现如下特点：

一是电网互联互通扮演重要角色。 随着特高压交流和直流输电技术的发展，电网互联互通在能源消费中扮演着越来越重要的角色，目前在东南亚国家、南部非洲国家、西部非洲国家、东部非洲国家、中亚国家之间都已完成和在建一定数量的互联互通工程，从而实现更大范围的资源优化配置。例如在东盟国家，已有14条互联项目投入商业运营，送电规模达到5502兆瓦，在建项目送电规模超过2000兆瓦，规划中送电规模超过20000兆瓦。

二是微电网及分布式能源发展迅速。 清洁能源需求增加、能源基础设施建设风险增大、可靠且准确的供电需求增加以及农村电力化进程是促进微电网及分布式能源发展的主要驱动力。根据国际市场研究机构发布的报告，2020年全球微电网市场规模达到286亿美元，到2025年，将增至474亿美元，期间年复合增长率为10.6%。例如在亚太地区可再生能源持续增长，多国政府（如泰国、越南）鼓励微电网发展的政策也将为微电网开发者提供更多的机会。

三是自动化和智能化水平提升。 电力系统中新能源比例的增加，长距离、大规模的电力输送给电网安全带来了巨大的考验。电力系统的信息化、自动化和智能化技术将为电力系统安全提供更加可靠的解决方案，覆盖了发电、输电、配电、电力交易各个环节，为实现利用电力市场交易、多能互补及能效提升奠定基础。

四是电源结构和电力交易模式的变化给电网带来诸多新的命题。 包括新能源的有效消纳和稳定性问题，虚拟电厂的参与，储能容量的持续提升，电能的即时结算，负荷端和发电端的精确联动控制等。这将涉及到监管模式的跟进，市场模式的调整，新的控制和调度技术的应用等多个方面的提升，并将重新定义整个电力系统。

因此，电网类项目在全球范围内是一个较为稳定上升的板块。东南亚、中西非和亚太地区是电网项目主要市场，其中，老挝、泰国、喀麦隆、安哥拉、赞比亚、埃塞俄比亚等市场需求强劲，缅甸、尼日利亚、莫桑比克、坦桑尼亚、多米尼加等市场潜力巨大。

(二)发展趋势

整体来看,在电力领域,绿色环保的投资理念已成为境外投资高质量发展的共识。在"一带一路"的优质项目投资中,必须践行绿色投资原则,遵守投资所在国别(地区)政策法规,为当地可持续健康发展与经济民生改善作出贡献,以优质投资项目画好"一带一路"工笔画。

各地区市场业务呈现不同的特点。在拉美区域,中国企业参与电力项目业务优势较欧美和拉美本地企业优势并不明显,主要体现在对设计、施工和材料标准不熟悉;未来中国企业可通过收购当地电厂或对电力线路维护等模式进入当地电力市场,或力争通过中国资金完成融资突破。在东南亚区域,中国企业在较多国家电力领域实力强劲,同时也面临着日韩企业的激烈竞争。随着中国与东盟经贸往来的日益密切,在中缅经济走廊、中老经济走廊、中日韩三方合作等双边、多边合作机制下,中国企业参与东盟区域电力项目机遇较多,前景广阔。在南亚区域,中国企业主要面临印度企业的竞争,同时在中巴经济走廊、印中孟缅走廊、中尼能源合作框架等双边、多边的政府合作机制下,未来南亚地区电力业务将有持续的发展。在东南非区域,中国企业在大多数国家电力投资和承包业务上具有较大优势,但也面临着印度和土耳其企业的激烈竞争,中国企业技术成熟、价格相对低,电力成套设备被接受度也较高。除中国资金项目外,中国企业在世界银行、非洲开发银行等资金的项目竞争中也有一定优势。受大部分国家举债困难等因素,传统EPC及EPC+F类项目的难度将越来越大,PPP、IPP和投建营一体化将成为电力市场的发展趋势。在中西非区域,中国企业主要面临着欧美和亚洲企业的激烈竞争,中国企业参与水电项目业务优势明显,未来可通过加大与当地公司或欧美公司合作的方式参与项目的实施。中西非大部分国家经济基础差、电力缺乏、基础设施薄弱、经济发展困难,PPP、IPP和投建营一体化将成为发展趋势。在中亚、西亚、北非、中东欧区域,中国企业主要面临欧美和亚洲企业的激烈竞争,但中国企业在新能源类项目(如光伏项目)具有一定的优势,电力业务未来可期。

1. 国际新能源业务展望

近年来,中国新能源国际合作主要以光伏、水电、风电为重点。其中,光伏、风电领域的国际合作范围更广。中国已为全球多个国家供应绿色能源产品,提供相应的解决方案,并对部分项目提供投资或融资。同时,中国正为"一带一路"国家应对气候变化及保障绿色能源供应作出积极贡献。中国新能源企业走出去主要有以下四种合作形式:

(1)新能源工程总承包及融资业务,主要包括新能源工程设计及建设等。

(2)新能源电站项目投资或并购,以欧洲、大洋洲及拉丁美洲等地区为主。

(3)境外投资设厂生产光伏组件及电池等。在光伏制造项目的境外选址方面,中国新能源企业深耕东南亚市场。越南、马来西亚、泰国是重点区域,占中国光伏境外工厂总量的60%左右。

（4）开拓"新能源设计+"的国际合作新形式。通过加强海外风电项目资源整合力度，以新能源项目设计为抓手，深化新能源工程总承包及小比例投资等业务，中国正在全球各地整合、打通新能源产业链。

在当前国际形势下，中国新能源高质量国际合作综合优势明显。第一，中国新能源产业链居于全球领导地位，特别是中国光伏产业链已具有全球优势。在光伏行业，中国是全球唯一具备从上游材料到中游组件再到下游电站投资能力的国家。中国光伏企业已经从原来的"三头在外"（原料在外、市场在外、设备在外）转变为"三个世界第一"（多晶硅产量、硅片产量和组件产量均居世界第一，2022年分别占世界总量的87.3%、97.5%和88.3%），成为名副其实的光伏产业大国、技术强国。中国光伏组件产量连续16年位居全球首位，多晶硅产量连续12年位居全球首位，光伏新增装机量连续10年位居全球首位。在风电领域，全球十大风机制造商中有六家中国企业，2022年中国以48.8GW的新增吊装容量继续领跑全球，占全球装机的一半以上。在氢能领域，《氢能产业发展中长期规划（2021—2035年）》奠定了战略定位，我国的氢气产能约为4000万吨/年，产量约为3342万吨/年，已从全球产氢大国迈向氢能强国。第二，中国新能源境外投资增长空间大。中国企业拥有巨大的电力投资及融资能力。未来，假如中国新能源境外投资达到全球10%，中国企业境外光伏和风电投资规模至少可达80吉瓦，金额可达500亿美元。

随着中国不断扩大对外开放，中国新能源高质量国际合作迎来新契机。中国企业参与"一带一路"相关的新能源国际合作中，需因地制宜，在不同的区域及国别市场采取不同的市场策略。中国企业需要聚焦东南亚乃至亚太新能源市场，这是中国新能源产业国际合作的重要阵地。同时，中国企业需要加强中东和北非光伏、光热项目合作，在欧洲需要加强中欧海上风电国际合作，在拉美地区需加强中拉新能源全领域合作。

国际新能源业务投建营一体化趋势明显。目前，单纯的承包商角色已无法满足日益复杂的海外新能源市场发展需求，承包商要努力实现由工程承包商向投资建造商的转变，具有项目开发、投融资、工程承包、管理运营、全产业链一体化集成服务能力。与新能源领域的国际资本和产业投资商相比，中国企业在海外新能源投资领域仍处于起步阶段，实现承包商向投建营商转型发展，需向国际知名投资开发商学习，也需要政府部门、金融机构大力支持。

新能源行业经营环境日益复杂化。受国际关系和世界政治格局变化的影响，自2020年7月，多个国家对我国太阳能光伏产品进口关税政策进行调整，美国、欧洲等国家对于光伏组件的双反政策有所反复，新能源领域也面临贸易壁垒的挑战。目前，很多国家都将本地化率作为项目开发的条件或激励措施，尤其是在新能源刚刚起步的国家更为明显。既提升本地化率，满足所在国产业发展需求，又要提升管理能力和属地化能力是中国企业突破高端市场的壁垒。

高比例可再生能源发展趋势显现。 随着新能源的快速发展，新能源装机比例不断攀升，新能源快速增长也对传统电网调控、电力消纳带来了挑战。从当前发展来看，高比例可再生能源时代在未来10年内即将到来，目前中国西北电网的可再生能源消纳已经达到20%左右，欧洲可再生能源消纳一直处于领先地位，德国甚至可在短期内实现电力系统全部由可再生能源供给，这是凭借欧洲良好的电力交易机制和智慧电网等多种因素才能达成的。高比例可再生能源，尤其是光伏、风电的波动性，会给电网调控、电源调节带来多方面的挑战。通过多种手段降低高比例新能源对电网带来的冲击，使新能源和电网协调发展是未来国际新能源发展趋势之一。

　　储能正高速发展，氢能中长期具有很好的发展前景。 风电、光伏具有供应间歇性、年内日内分布不均衡，大规模接入风光电力后，需要有调节性能的灵活电源配套运行、保障电网的安全和稳定；储能电站已经成为新的增长点，预计氢能将在2025年左右具备规模化产业化，将成为能源电力供给的重要组成部分。

2. 国际水电业务发展展望

　　水电在全球能源供应中占据重要地位，是供应最稳定、技术最成熟的可再生清洁能源。水电相较于风电，可以大力提升电力系统的灵活性和稳定性，是不可或缺的清洁能源发电来源。随着绿色发展、可持续发展理念逐步深化，各国对可靠、清洁、经济能源的需求持续增加，已有100多个国家明确继续发展水电，全球水电呈现稳定增长趋势。

　　中国水电企业是全球清洁低碳能源、水资源与环境建设领域的引领者，是全球基础设施互联互通的骨干力量，具有投资融资、规划设计、施工承包、装备制造、管理运营全产业链一体化集成服务能力。中国水电企业在国内技术、资金支持的前提下，在EPC及EPC+F模式的基础上，积极探索BOT、BOOT、BOO、PPP特许经营等模式，推动优质项目投资，以投融资带动总承包，努力发展国际化水电投资业务，国际水电市场竞争力得到不断提升。

　　回顾中国企业参与国际水电项目的历程，结合国际水电市场的未来趋势，综合分析中国企业参与国际水电项目的趋势如下：

　　一是国际水电市场仍有广阔的市场空间。 尽管国际水电市场近期（2017—2030年）增速略有减小，远期（2030—2040年）总增量减少较大，但从全球水电资源、市场基础、发展动力和总体发展目标看，国际水电市场空间依然广阔。

　　二是抽水蓄能电站将成为今后电力建设的重点方向之一。 抽水蓄能电站兼具储能、调峰、调频、改善电能质量的功能，是目前储能领域最有效和最经济的方式，随着风电、光伏等新能源的大规模开发以及电力系统规模的不断扩大，用电负荷和峰谷差持续加大，对抽水蓄能电站和跨日甚至跨年调节水电站的开发建设提出了更多的需求。

　　三是商业模式创新仍将是市场的一大趋势。 国际水电项目的投资主体有地方政府、世界银行等多边金融机构、国内五大发电公司、所在国本土企业等。目前，政府投资项目、使用世界银行和中国金融机构贷款的项目越来越少。本土企业和中小型民营企业投资项目逐步增多，但均面临着融资难的问题。在此市场形势下，中国企业开展国际水电市场必须要做商业模式创新。

3. 国际火电业务发展展望

各国政策大力扶持新能源，技术快速发展，电力成本大幅降低，传统能源市场面临极大挑战，煤电业务加速萎缩，LNG 和燃气电站业务也因燃料及开发成本高昂而阻力重重。

相对于燃煤电站，由于燃气电站其天然的低排放特性，具有清洁能源的优势，同时燃气电站的快速建设周期和调峰能力也越来越受到缺电地区国家的欢迎。随着全球天然气储量的不断探明、页岩气开采技术的快速发展及其开采成本的不断下降，同时伴随着燃机技术的升级，都为燃气电站大型化和规模化带来广阔的市场前景。而燃机的高效率和单位低造价也使其具有很强的竞争力。燃气电站在中东、中西非、欧亚等重点区域发挥了重要的基荷作用，同时在未来电源趋向于小型化、离散化的潮流下，也更容易与新能源电力相结合，发挥稳定负荷的作用。

4. 国际输变电业务发展展望

2015 年以来，全球电网年投资额约 2800~3000 亿美元。预计未来十年，全球电网年均投资额近 4000 亿美元。依据全球输电机构发布的报告，全球输配电市场（基于设备需求预测），2019 年至 2024 年间，年均增长会保持在 7.25% 以上。从区域看，中国、印度、欧盟和美国占据电网全球投资额的 70% 以上，其他区域占 30%。从结构看，约 70% 的投资用于配电网建设。

中国企业参与电网项目的主要形式有：以国家电网公司和南方电网公司为代表，广泛参与电网特许经营项目或者股权投资；以中国电建和中国能建为代表，广泛参与电网竞标或议标项目；设备厂家主要参与设备竞标，部分进行总包尝试。其主要优势有：一是技术方面，中国特高压技术较为成熟，在大容量、长距离、跨区域送电项目上具有优势；二是设备方面，中国设备厂家涵盖发电、输电、配电、用电各个环节产品，产品种类丰富且具有成本优势；三是金融支持，中国金融机构的支持有利于中国公司在境外开展特许经营或实施融资类项目；四是民营企业活跃，为电网其他类项目做了积极尝试。

目前各个国家和地区的电网发展水平不一，电网落后地区和国家（如撒哈拉以南非洲国家）如何有效加快电网建设，并且尽可能满足未来电网的发展和避免环境问题；电网发展水平一般的国家（如东南亚、南亚国家）如何有效提升电网的运行效率，并保证电网的安全性和可靠性，兼顾能源清洁化和绿色化；电网较为发达的国家（如欧洲、美洲国家）如何增加新能源的接入率，助力能源转型。以上三点将成为电网发展的主要目标。

结合业务优势，中国企业国际电网领域业务发展空间较大，包括传统的输变电市场和新的发展方向，比如在分布式能源、多能互补、虚拟电厂、电网特许经营、互联互通等方面。在结合优势的同时，需要不断克服劣势，广泛参与电网规划类项目，深入了解当地电网情况，才有可能提出适合当地发展的技术方案，而不是简单的应用国内方案；要培养电网特许经营和电力交易市场人才，理解当地电网运行模式及主要问题，提出可行的电力消纳和交易方案；不断进行技术探索，比如新型设备的研制、多能互补的实际应用、新能源大规模应用的电网控制策略等，可以与设备厂家、研究机构等联合工作。同样，新技术需要与当地情况相匹配。

三、工作建议

企业应积极响应世界能源电力发展实践和趋势，深入研究电力新能源发展现状及中远期发展需要，全面开展"碳达峰、碳中和"行动，以能源绿色低碳发展为关键，加快形成节约资源和保护环境的产业结构。强化国际合作，加强企业创新，共同推动电力新能源国际业务可持续发展。

1. 紧跟世界电力新能源发展趋势，提前布局

深刻认识和把握能源消费电气化、能源生产清洁化的行业发展趋势，在不断巩固传统电力业务市场份额的基础上，提前布局清洁可再生能源。电力企业要积极把握以"低碳、清洁、高效、智能、普及"为特征的全球能源革命发展方向，充分发挥我国在全球新能源第一大国的优势地位，继续加大新能源、可再生能源、分布式离网电站、储能式电站（抽水蓄能、光热发电）、特高压电网、智能电网的新技术研究力度和市场开发力度。根据国别生态环境承载能力、自然资源禀赋、社会经济发展需求、成本承担能力、政策法律法规，选择经济可持续的绿色电力能源利用方式，优先推广非化石能源、可再生能源等低碳电力技术应用，为全球低碳转型和绿色发展提供"中国方案"，进一步确立中国企业在全球电力行业的领先地位。

2. 关注项目所在国政策调整，准确把握和抓住新发展机遇

后疫情时代，各国普遍大力支持新能源发展，助力能源结构向清洁低碳转型，预示着电力新能源建设将有新发展机遇。电力企业拓展新能源对外投资和工程承包项目，需要关注不同国别的电价、补贴、税收、融资等条件，加强与所在国政府部门、项目业主、合作伙伴的沟通，继续重点布局相关领域，实行差异化国别竞争模式，一国一策，争取竞争新优势。

3. 加强国际产能和第三方市场合作，打造"共赢竞合"新模式

要加强对外合作，通过"开放合作、互利共赢"打造利益共同体。一是进一步加大国际产能合作的力度，将中国优势产能与国际市场需求结合起来，充分发挥重大项目在电力行业国际产能合作中的示范引领效应，助力我国电力装备、技术、咨询设计、施工和配套工业等全产业链走出去；二是进一步加大第三方市场合作力度，坚持开放包容，在对外承包工程的设计咨询、造价咨询、投融资、工程建设标准化、建设施工

和运营管理等方面，与有意愿的国家、国际组织、大型跨国企业、国际金融机构等更多、更好地开展三方合作、多边合作。通过多方参与，充分发挥各方潜能，实现优势互补、共赢发展。

4. 加大"投建营一体化"项目的开发力度，争取竞争新优势

后疫情时代，投建营一体化模式将是承包商开拓市场的"硬核武器"，投融资能力是其在国际基建市场中最核心的竞争力。电力企业应继续加大以"投建营一体化"方式参与电力基础设施合作的力度，重点增强参与项目投融资和建成后运营管理的能力，以投建营一体化方式实施项目，提高产业链参与度和在国际分工中的地位，逐步实现由建设施工优势为主向投融资、工程建设、运营服务的综合优势转变。中国企业在海外新能源投资领域普遍处于起步阶段，与欧美及中东开发商相比处于弱势地位，建议政府有关部门、金融机构加大指导和支持力度，缩小中国企业与国际知名投资开发商的差距，帮助中国企业由建设承包商向投建营商转型发展。

5. 加强能源科技合作，积极探索多样化合作和项目开发方式

深化能源科技合作，为电力企业提出了更高的要求。一是要深入掌握全球"源网荷储"一体化、多能互补、智慧能源、海上风电等前沿技术，打造"物联网＋大数据＋人工智能"的新能源运维能力，大力研发新能源配套装备和深远海高端装备；二是要共同深入研究储能包括抽水蓄能与新能源配合运行方案及有关配套机制，积极开展智慧能源、储能等新兴领域的国际能源科技合作，构建清洁低碳、安全高效的能源体系；三是要充分挖掘光伏项目的潜在能力，如光伏荒漠治理、光伏＋农渔业、光伏＋交通等，实现光伏产业高质量、可持续发展。

6. 提升技术研发应用能力，紧抓电网业务发展机遇

电网业务是能源电力板块的重要构成，是传统能源和新能源业务的价值延伸。一是加强特高压交直流输电的基础研究和技术攻关，提高输送效率，降低输送成本，实现远距离、低损耗、大容量电能输送，为抽水蓄能、分布电源接入负荷中心提供支持；二是紧跟能源互联网发展进程，以电网大规模消纳可再生能源为重点，推进新型电力技术应用；三是积极开展智能电网、城镇配电网技术改造、微电网、特高压输变电线路、分散式离网电站等技术和方案的研究，加强在重点项目上的应用和推广。

第三节　一般建筑业务

一、业务概述

随着发展中国家的城市化、工业化进程的不断推进以及改善民生的刚性需求，国际房屋建筑市场需求将持续增长，中国企业也面临着诸多的发展机遇。2022年，中国

企业在境外一般建筑领域业务新签合同额 582.9 亿美元，同比增长 15.4%，在对外承包工程新签合同额中的占比为 23.0%；完成营业额 297.3 亿美元，同比增长 3.1%，在同年对外承包工程完成营业总额中的占比为 19.2%。一般建筑业务仍然是对外承包工程业务的重要支撑。2011—2022 年境外一般建筑领域业务走势见图 3-7 和图 3-8。

图 3-7　2011—2022 年境外一般建筑领域新签合同额走势

图 3-8　2011—2022 年境外一般建筑领域完成营业额走势

（一）市场分布

从市场分布看，一般建筑业务在东南亚、中东地区发展较有韧性。东南亚地区主要依托于原材料、供应链的相对完整性，在 RCEP 对区域经济贸易一体化的利好政策背景下，出现大量房地产开发、工业厂房投资建设的市场需求。中东地区在 2022 年受益于传统能源价格飙升带来的能源出口创汇，沙特阿拉伯、阿联酋、科威特、卡塔尔加快了本国经济转型的步伐,沙特阿拉伯2030愿景规划中多个项目在2022年落地实施。此外该地区也在积极发展氢能、太阳能、风能等新能源基建建设,配套带动新能源上下游产业链、新能源汽车产业链等工业厂房的投资建设需求。2022年一般建筑领域各地区市场业务分布见图3-9。

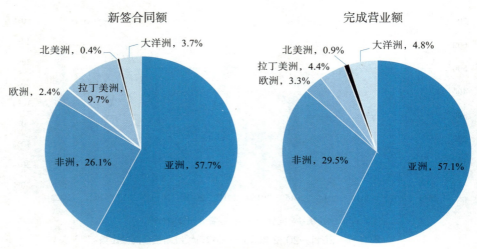

图3-9 2022年一般建筑领域各地区市场业务分布

2022年一般建筑领域业务前20位的境外市场排名见表3-12。

2022年一般建筑领域业务前20位的境外市场排名　　　　表3-12

单位:亿美元

排名	国别(地区)	新签合同额	国别(地区)	完成营业额
1	中国香港	74.2	中国香港	54.3
2	菲律宾	49.2	新加坡	19.7
3	马来西亚	32.6	阿尔及利亚	16.6
4	伊拉克	24.6	埃及	13.1
5	阿拉伯联合酋长国	22.6	中国澳门	12.7
6	哥伦比亚	21.4	阿拉伯联合酋长国	12.3
7	新加坡	18.7	马来西亚	11.6
8	科特迪瓦	18.5	安哥拉	11.0
9	尼日利亚	15.7	沙特阿拉伯	8.4
10	塞内加尔	14.6	澳大利亚	8.2
11	柬埔寨	14.4	柬埔寨	8.0
12	阿尔及利亚	13.4	以色列	7.7

续表

排名	国别（地区）	新签合同额	国别（地区）	完成营业额
13	埃塞俄比亚	13.4	埃塞俄比亚	5.6
14	安哥拉	12.7	秘鲁	4.0
15	泰国	12.0	科特迪瓦	4.0
16	以色列	11.5	巴布亚新几内亚	3.9
17	印度尼西亚	11.3	肯尼亚	3.8
18	沙特阿拉伯	10.7	科威特	3.7
19	埃及	10.5	菲律宾	3.6
20	澳大利亚	10.4	马里	3.1

（二）主要企业

一般建筑业务类别多，涉及面广，市场门槛相对较低，参与企业较为广泛。2022年度对外承包工程企业一般建筑工程30强见表3-13。

2022年度对外承包工程企业一般建筑工程30强　　　　表3-13

排名	企业
1	中国建筑股份有限公司
2	中国交通建设集团有限公司
3	中国铁建股份有限公司
4	浙江省建设投资集团股份有限公司
5	中国建筑第八工程局有限公司
6	中国中铁股份有限公司
7	中国电力建设集团有限公司
8	中国土木工程集团有限公司
9	青建集团股份公司
10	中国电建集团国际工程有限公司
11	中建科工集团有限公司
12	中国冶金科工集团有限公司
13	中国江西国际经济技术合作有限公司
14	中国建筑第三工程局有限公司
15	上海中建海外发展有限公司
16	江苏省建筑工程集团有限公司

续表

排名	企业
17	烟建集团有限公司
18	中鼎国际工程有限责任公司
19	中铁建工集团有限公司
20	新疆生产建设兵团建设工程（集团）有限责任公司
21	上海宝冶集团有限公司
22	中国港湾工程有限责任公司
23	威海国际经济技术合作股份有限公司
24	龙信建设集团有限公司
25	上海建工集团股份有限公司
26	中国化学工程集团有限公司
27	中铁十八局集团有限公司
28	中国机械工业集团有限公司
29	中国化学工程第七建设有限公司
30	北京城建集团有限责任公司

备注：排名以会员企业完成营业额为依据，一级企业包含下属企业完成营业额。

（三）重点项目

2022年一般建筑领域新签合同额前10项目中，大项目主要集中在城镇化快速推进的地区，其中6个在非洲、3个在亚洲市场。2022年一般建筑领域新签合同额前10的项目见表3-14。

2022年一般建筑领域新签合同额前10的项目　　　　表3-14

排名	国别（地区）	项目名称	企业
1	菲律宾	马尼拉博尼法西奥东城市改造项目	中国建筑股份有限公司
2	中国香港	社区隔离治疗设施BLI-设计及建造总包	中国建筑股份有限公司
3	菲律宾	苏比克湾城市综合体项目	中国路桥工程有限责任公司
4	中国香港	将军澳中医院及政府中药检测中心BJY-设计及建造	中国建筑股份有限公司
5	科特迪瓦	建造15000套社会住房项目	中铁十六局集团有限公司
6	马来西亚	丽阳云辉综合开发房建项目	中国电建集团国际工程有限公司
7	哥伦比亚	太平洋工业园港口项目	中国土木工程集团有限公司
8	中国香港	BJZ-启德新急症医院（Site B）	中国建筑股份有限公司

续表

排名	国别（地区）	项目名称	企业
9	中国香港	BLA–西铁锦上路站第一期物业发展项目	中国建筑股份有限公司
10	塞内加尔	塞内加尔达喀尔房建项目	中铁一局集团有限公司

根据业务统计，对外承包工程企业在境外开展一般建筑业务通常为总承包、传统承包等方式。受多方面影响，对外承包工程企业在境外房建领域的投资项目较少，投资多在发达国家以及成熟、法制较为完善的市场，以房地产（住宅公寓）、商用建筑为主要投资业务，如企业在英国、美国、新加坡、马来西亚、泰国、缅甸、肯尼亚、赞比亚等市场实施投资带动项目，不仅带动了承包工程业务发展，消化了积累的当地币留存，而且获得了投资收益。

二、业务展望

（一）业务发展趋势

1. 绿色建筑理念带来机遇与挑战

ESG加速与各行业发展理念的融合，推动绿色发展已成为全球普遍共识。根据世界绿色建筑协会报告，全球碳排放总量中39%是由建筑本身和其建造过程产生的。"双碳"背景下碳排放限制逐渐升级，建筑领域落实绿色发展理念十分重要。近年来绿色建筑的设计标准、施工规范、验收标准的应用在国内外正逐渐增多，我国有关标准已达国际领先水平。绿色建筑趋势有望成为智能城市化和城市可持续发展的催化剂，为顺应这一趋势，企业应制定绿色建筑发展战略，充分发挥自身优势，积极拓展业务模式，加大技术研发力度，加快市场布局与行业整合。

2. 数字化技术创新趋势不可逆转

房屋建筑通过降低材料和劳动力成本来提高产品竞争力的发展空间已逐渐缩小，未来，国内外承包商在技术层面比拼的是数字化技术的应用能力，项目将以一种更安全更高效更环保的形式执行。数字化工具可以促进合作，更好地控制价值链，帮助企业做出更加准确的判断，如BIM技术应用在近些年更受重视，BIM+CIM+GIS构建未来智慧城市建设的底层信息基础，智慧建筑和物联网技术的应用，使得建筑的使用数据被记录和积累下来，促进更高效地管理，更安全地施工，甚至帮助新的项目开发与合作。

3. 建筑工业产业化和现代化提速

技术工人逐渐成为一种稀缺资源，建筑安全管理要求越来越高等条件促使模块化、预制件、装配式的应用水平日渐提高，建筑工业化得到很大的发展。建筑模块化是具有鲜明时代特点的建筑思想与建筑技术的结合，与传统方式相比，具有可缩短工期、节约人力物力、绿色环保等优点，正在全球范围内得到更广泛的认可。麦肯锡的一项研究中显示"城市中的装配式建筑施工方法可以减少40%的能源消耗和65%的废水污染"。不仅如此，工业化生产带来了标准统一的建筑构件和安装工艺，大量的工厂化生产、现场组装，可以大幅减少建设施工中的垃圾排放，减少噪声等污染，还可以大幅缩短工期，进而节省项目业主的成本。

（二）面临的困难障碍

1. 一般建筑业务发展面临复杂的外部环境

2022年，全球疫情对经济的负面影响持续放缓，全球围绕刺激经济采取的宽松货币政策及配套财政政策的红利已接近释放完毕，政府投资者和私人投资者的投资意愿和投资能力均出现较为显著的下滑。从政府刺激导向来看，资金支持主要投向于基础设施类业务。受通胀、供应链、能源价格、跨境运输等因素的影响，一般建筑类业务承受较大的外部环境不确定性。

2. 对标世界一流，转型升级对承包商提出更高要求

由于世界经济发展明显放缓，资本拉动不足，海外项目开发模式将发生变化，新冠疫情还将加速各国重新审视调整现有规划，当地政府会更加重视公共卫生、保障性住房等领域建设投入。随着市场的不断变化升级，业主对承包商的诉求也越来越高，从单纯地寻找承包商，到带资执行项目，再到投建营一体化，必然要求承包商具有更高的融资＋执行＋运营能力，以及风险控制、资源整合等综合素质。企业应积极开展国际一流企业对标学习，找差距、补短板，不断完善转型升级的长效工作机制。

三、工作建议

一是积极创新项目融资模式。融资能力和资金实力必将影响建筑企业的发展速度和发展水平，应逐步减少对政府融资渠道的依赖，在项目私募债融资、保理融资、信用证融资、境外ECA融资、PPP、TOD等商业融资的主要渠道以外，积极与金融机构探讨合作，创新项目融资模式。如尝试吸引国际性的养老基金、绿色债券以及资产证券化的模式。

二是提高技术水平和技术应用。知识资源是技术创新的第一要素，传统生产要素已逐渐失去主导地位，众多建筑企业在同一层次竞争，技术水平没有较大差距，技术特点、特色不明显，前沿科技成为创新竞争的主要焦点，强化以技术创新为核心的市场竞争力，才能提高竞争层次，形成独具特色的竞争优势，提高建筑生产的附加值，与高新技术接轨，已成为建筑业持续发展的必然选择。

三是加强属地化建设，打造企业品牌。提高企业属地化治理水平，紧密沟通不同市场的优质属地承包商，尽快融入当地的人文环境和发展理念，充分运用属地化资源解决在所在国经营开发中所面临的一系列短板问题。加强与属地企业、上下游企业的交流合作，充分利用其在当地的品牌、资源等优势，合理分摊和规避风险，实现合作共赢。注重培育和提升在业务所在国的品牌美誉度和认可度，积极开展企业形象建设和管理，打造重信誉、守承诺的企业品牌。

第四节 其他领域

一、石油化工领域

石油化工项目包括炼油厂和石化厂建设、油气管线建设、海上石油平台建设、服务维护运转等。2022年中国企业在石油化工领域业务新签合同额273.3亿美元，同比增长31.4%，在对外承包工程新签合同额中的占比为10.8%；完成营业额170.3亿美元，同比增长10.4%，在对外承包工程完成营业额中的占比为11.0%。2011—2022年石油化工领域业务走势见图3-10和图3-11。

2022年石油化工领域各地区市场业务分布见图3-12。

2022年石油化工领域业务规模排名前10位的市场见表3-15。

图3-10　2011—2022年石油化工领域新签合同额走势

图3-11　2011—2022年石油化工领域完成营业额走势

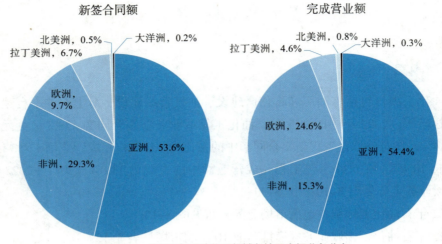

图 3-12　2022 年石油化工领域各地区市场业务分布

2022 年石油化工领域业务规模排名前 10 位的市场　　　表 3-15

单位：亿美元

排名	国别	新签合同额	国别	完成营业额
1	伊拉克	50.4	俄罗斯联邦	40.8
2	加纳	36.1	伊拉克	22.6
3	沙特阿拉伯	30.7	沙特阿拉伯	18.3
4	俄罗斯联邦	24.9	尼日尔	8.7
5	乌干达	15.0	阿曼	7.8
6	尼日利亚	13.2	科威特	7.2
7	印度尼西亚	8.7	阿拉伯联合酋长国	6.3
8	哈萨克斯坦	7.9	哈萨克斯坦	6.2
9	阿尔及利亚	6.4	印度尼西亚	5.2
10	厄瓜多尔	6.3	泰国	4.6

2022 年中国企业在境外石油化工领域新签合同额前 10 的项目见表 3-16。

2022 年中国企业在境外石油化工领域新签合同额前 10 的项目　　　表 3-16

排名	国别	项目名称	企业
1	俄罗斯联邦	波罗的海化工综合体项目	中国化学工程第七建设有限公司
2	加纳	阿达石油炼化项目一标段	中国葛洲坝集团股份有限公司
3	尼日利亚	AKK 天然气管道工程	中国石油管道局工程有限公司
4	加纳	阿达石油炼化项目二标段	中国葛洲坝集团股份有限公司
5	加纳	阿达石油炼化项目三标段	中国葛洲坝集团股份有限公司

续表

排名	国别	项目名称	企业
6	伊拉克	米桑炼化厂项目	中国电建集团国际工程有限公司
7	沙特阿拉伯	海上钻井作业项目	中海油田服务股份有限公司
8	伊拉克	油田油井作业项目	中海油田服务股份有限公司
9	乌干达	Tilenga EPSCC 项目合同	中国石化集团国际石油工程有限公司
10	伊拉克	九区原油中央处理设施项目	中工国际工程股份有限公司

二、工业建设领域

工业建设项目包括钢铁和有色金属加工厂、化学品厂（化肥厂等）、食品和饮料加工厂、纸浆和造纸厂、非金属矿物制品厂（水泥厂、石灰厂、玻璃厂等）等建设。2022 年中国企业在工业建设领域业务新签合同额 186.3 亿美元，同比增长 17.2%，在对外承包工程新签合同额中的占比为 7.4%；完成营业额 99.8 亿美元，同比增长 53.3%，在对外承包工程完成营业额中的占比为 6.4%。2013—2022 年工业建设领域业务走势见图 3-13 和图 3-14。

图 3-13　2013—2022 年工业建设领域新签合同额走势

图 3-14　2013—2022 年工业建设领域完成营业额走势

2022年工业建设领域各地区市场分布见图3-15。

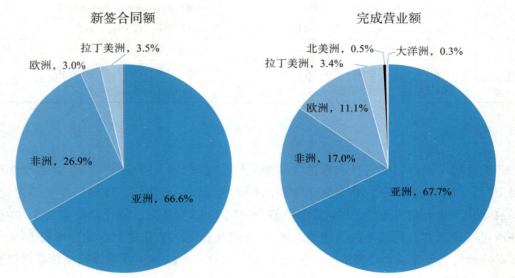

图3-15　2022年工业建设领域各地区市场分布

2002年工业建设领域业务规模排名前10的市场见表3-17。

表3-17　2002年工业建设领域业务规模排名前10的市场

单位：亿美元

排名	国别	新签合同额	国别	完成营业额
1	印度尼西亚	54.3	印度尼西亚	25.2
2	尼日利亚	11.7	马来西亚	7.7
3	阿尔及利亚	11.2	印度	5.7
4	乌兹别克斯坦	10.8	越南	5.5
5	马来西亚	10.2	白俄罗斯	5.0
6	越南	9.7	刚果（金）	4.1
7	哈萨克斯坦	9.1	巴基斯坦	4.1
8	埃塞俄比亚	7.6	乌兹别克斯坦	4.0
9	印度	6.8	尼日利亚	3.3
10	蒙古国	5.2	土耳其	3.3

2022年中国企业在境外工业建设领域新签合同额前10的项目见表3-18。

2022 年中国企业在境外工业建设领域新签合同额前 10 的项目　　表 3-18

排名	国别	项目名称	企业
1	印度尼西亚	阿曼 90 万吨/年铜冶炼项目	中国有色金属建设股份有限公司
2	埃塞俄比亚	索马里州水泥厂项目二期工程	中国葛洲坝集团股份有限公司
3	尼日利亚	阿夸伊博州出口加工区项目	中国土木工程集团有限公司
4	哈萨克斯坦	奇力萨伊磷矿开采及建设项目	中国土木工程集团有限公司
5	阿尔及利亚	Tosyali 四期综合钢厂热轧项目	中钢设备有限公司
6	乌兹别克斯坦	纳沃伊氮肥股份公司聚氯乙烯（PVC）和烧碱生产综合体建设项目	中国化学工程第七建设有限公司
7	印度尼西亚	亚拓美嘉镍铁冶炼项目一期工程	中国冶金科工集团有限公司
8	马来西亚	ams Osram FEK2 设计建造项目	中成进出口股份有限公司
9	印度尼西亚	旭阳伟山印尼 480 万吨/年焦化项目	中钢设备有限公司
10	印度尼西亚	旭日金属有限公司镍铁冶炼配套火力发电建设项目	中冶南方工程技术有限公司

三、通讯工程建设领域

通讯工程建设领域包括通讯线路和设备安装、通讯传送架与设施的施工（含地下和水下通讯电缆）、数据和网络中心建设、广播电视转播塔施工以及其他（含电信）。2022 年中国企业在通讯工程建设领域业务新签合同额 152.3 亿美元，同比下降 3.0%，在对外承包工程新签合同额中的占比为 6.0%；完成营业额 150.6 亿美元，同比增长 2.0%，在对外承包工程完成营业额中的占比为 9.7%。2011—2022 年通讯工程建设领域的业务走势见图 3-16 和图 3-17。

图 3-16　2011—2022 年通讯工程建设领域新签合同额走势

图 3-17　2011—2022 年通讯工程建设领域完成营业额走势

2022 年通讯工程建设领域各地区业务分布见图 3-18。

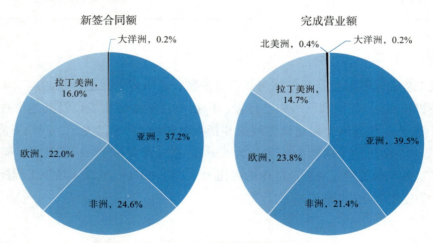

图 3-18　2022 年通讯工程建设领域各地区业务分布

2022 年通讯工程建设领域业务规模前 10 位的国别市场（地区）见表 3-19。

2022 年通讯工程建设领域业务规模前 10 位的国别市场（地区）　　　表 3-19

单位：亿美元

排名	国别	新签合同额	国别	完成营业额
1	菲律宾	15.6	菲律宾	16.8
2	尼日利亚	10.6	尼日利亚	10.4
3	埃及	10.1	法国	10.0
4	法国	9.8	泰国	9.6
5	泰国	9.1	巴西	8.9

续表

排名	国别	新签合同额	国别	完成营业额
6	巴西	8.5	印度尼西亚	8.8
7	印度尼西亚	7.0	埃及	8.3
8	墨西哥	5.9	德国	6.0
9	德国	5.3	俄罗斯联邦	5.4
10	俄罗斯联邦	4.7	沙特阿拉伯	4.4

四、水利建设领域

水利建设领域包括水处理及海水淡化、供水管线及沟渠建设、水坝及水库、防洪堤坝及海堤建设、打井工程等。2022年中国企业在水利建设领域新签合同额57.9亿美元，同比下降30.5%；完成营业额50.6亿美元，同比下降28.1%。2011—2022年水利建设领域业务走势见图3-19和图3-20。

2022年水利建设领域各地区市场业务分布见图3-21。

图3-19　2011—2022年水利建设领域新签合同额走势

图3-20　2011—2022年水利建设领域完成营业额走势

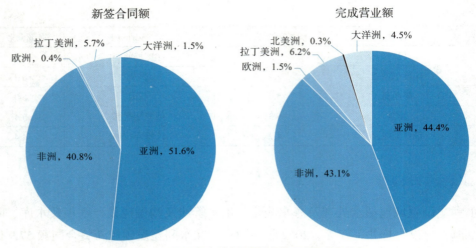

图3-21　2022年水利建设领域各地区市场业务分布

2022年水利建设领域业务排名前10位的国别市场（地区）见表3-20。

2022年水利建设领域业务排名前10位的国别市场（地区）　　表3-20

单位：亿美元

排名	国别（地区）	新签合同额	国别（地区）	完成营业额
1	沙特阿拉伯	6.1	尼日利亚	4.9
2	菲律宾	4.9	沙特阿拉伯	4.1
3	安哥拉	4.3	孟加拉国	3.3
4	塞内加尔	4.0	博茨瓦纳	2.9
5	博茨瓦纳	3.7	中国香港	2.3
6	中国香港	3.3	安哥拉	2.2
7	马来西亚	3.2	阿拉伯联合酋长国	2.1
8	秘鲁	2.6	秘鲁	2.1
9	柬埔寨	2.5	阿曼	1.6
10	尼日利亚	2.5	加纳	1.5

2022年中国企业在境外水利建设领域新签合同额前10的项目见表3-21。

2022年中国企业在境外水利建设领域新签合同额前10的项目　　表3-21

排名	国别（地区）	项目名称	企业
1	菲律宾	吕宋岛圣托马斯河河砂开采暨疏浚项目	中铁十六局集团有限公司
2	沙特阿拉伯	吉赞基础下游工业城海水冷却项目一期	中国港湾工程有限责任公司
3	塞内加尔	图巴市供水项目	中铁十六局集团有限公司
4	中国香港	兴建小蚝湾滤水厂扩建部分及小蚝湾原水增压抽水站（合约号7/WSD/21）项目	中国路桥工程有限责任公司

续表

排名	国别（地区）	项目名称	企业
5	科特迪瓦	西南地区 10000 公顷农业综合发展项目	中国葛洲坝集团股份有限公司
6	沙特阿拉伯	朱拜勒三期 B 独立水厂项目	山东电力建设第三工程有限公司
7	印度尼西亚	杰那拉塔大坝建设项目	中工国际工程股份有限公司
8	安哥拉	库内内抗旱项目第 4 标段	中国电建集团国际工程有限公司
9	柬埔寨	磅通省当卡贝特水库发展项目	广东建工对外建设有限公司
10	博茨瓦纳	北水南调第一标段项目	华山国际工程有限公司

五、制造加工设施建设领域

制造加工设施建设领域业务包括汽车装配和零部件制造厂建设、电子装配厂建设等。2022 年该领域业务新签合同额 40.0 亿美元，同比下降 15.3%；完成营业额 35.9 亿美元，同比增长 4.6%。2013—2022 年制造加工设施建设领域业务走势见图 3-22 和图 3-23。

图 3-22　2013—2022 年制造加工设施建设领域新签合同额走势

图 3-23　2013—2022 年制造加工设施建设领域完成营业额走势

2022年制造加工设施建设领域各地区市场业务分布见图3-24。

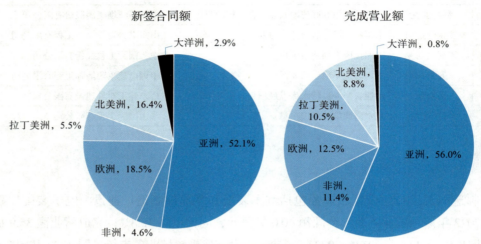

图3-24　2022年制造加工设施建设领域各地区市场业务分布

2022年制造加工设施建设领域业务前10市场排名见表3-22。

2022年制造加工设施建设领域业务前10市场排名　　表3-22

单位：亿美元

排名	国别（地区）	新签合同额	国别（地区）	完成营业额
1	美国	6.3	印度	4.6
2	新加坡	3.4	美国	2.7
3	俄罗斯联邦	2.8	新加坡	2.4
4	马来西亚	2.5	俄罗斯联邦	1.8
5	印度	2.4	巴拿马	1.7
6	泰国	2.0	埃及	1.4
7	意大利	1.8	马来西亚	1.4
8	中国台湾	1.7	中国台湾	1.2
9	沙特阿拉伯	1.5	日本	0.9
10	土耳其	1.3	意大利	0.9

2022年中国企业在境外制造加工设施建设领域新签合同额前10的项目见表3-23。

2022年中国企业在境外制造加工设施建设领域新签合同额前10的项目　　表3-23

排名	国别（地区）	项目名称	企业
1	美国	恩捷（美国）锂离子电池隔膜厂项目	中国建筑股份有限公司
2	俄罗斯联邦	现代化浮式发电船船体项目	惠生（南通）重工有限公司

续表

排名	国别（地区）	项目名称	企业
3	新加坡	岸桥项目	上海振华重工（集团）股份有限公司
4	意大利	港机移位运送项目	上海振华重工（集团）股份有限公司
5	日本	中和物产公司项目	中国交通建设股份有限公司
6	新加坡	轨道吊项目	上海振华重工（集团）股份有限公司
7	印度	富士康金奈厂区新建宿舍及配套工程EPC总承包项目	中国建筑第五工程局有限公司
8	中国台湾	长荣岸桥项目	上海振华重工（集团）股份有限公司
9	马来西亚	港机转运项目	上海振华重工（集团）股份有限公司
10	土耳其	terminexus 进口件项目	上海振华重工（集团）股份有限公司

第四章

企业业务发展情况

本章各企业 2022 年业务情况来自各企业供稿，按照 2022 年中国对外承包工程会员企业 100 强排序。

第一节　中国交通建设集团有限公司

中国交通建设集团有限公司（简称"中交集团"）是国资委监管的特大型央企，唯一一家集国企党建联系点、国有资本投资公司试点、"交通强国"建设三个试点于一身的中央企业。公司聚力大交通、聚焦大城市，优先发展海外以及江河湖海全水系业务，能够提供全产业链一体化综合服务。2022 年，公司位居《财富》世界 500 强第 60 位。ENR 最大国际承包商排名全球前三，连续 16 年荣膺亚洲企业第一名。

2022 年，中交集团海外业务强化战略引领和措施落地，积极应对复杂局面，把握变局、主动破题，经营效益与运营质量明显提升，主要在以下几个方面取得了新进展、新突破：

一、深化战略执行彰显新担当

立足全球视角，发挥主业优势，积极配合和服务国家战略，精准对接"一带一路"倡议，全力推进交通基础设施互联互通和沿线民生改善，主动贡献中国智慧与中国方案。2022 年，柬埔寨首条高速公路——金港高速如期通车，两国领导人共同出席项目通车暨配套民生工程交接仪式；孟加拉国"国父隧道"——卡纳普里河底隧道实现双线贯通；中马两国共建的"一带一路"最大经贸合作项目——马来西亚东海岸铁路 6 号补充协议成功签约，云顶隧道开始掘进，关键控制性工程取得节点性突破；中法第三方市场合作示范项目——尼日利亚莱基港竣工验收，为开港试运营创造了有利条件；中克两国建交 30 周年之际，被誉为克罗地亚"团结之桥"的佩列沙茨大桥成功交验，打造了中欧优势互补、互利共赢的合作典范；中企在南部拉美地区最大的轨道交通投资项目——哥伦比亚波哥大地铁一号线设计工作稳步推进，全力奏响线下部分建设号角。公司海外一大批重点合作项目，在大战大考中顶住压力，经受考验，交出了完美答卷。

二、突出市场营销拓宽新赛道

巩固以"市场为大、市场为先"的营销牵引作用，贯彻执行"三重两大两优"经营策略，主动展现新作为。重大项目统筹有力，稳步推进多个境外重点项目工作专班机制，强化落地成效。业务结构持续优化，全年新签及变更重点现汇项目289.9亿美元，同比增长26.3%；政府框架保持行业领先，尼日利亚凯菲路二期、塞尔维亚诺鲁段快速路等项目落实融资31亿美元。做强"大交通"业务，中标孟加拉国达卡RAD公路、厄瓜多尔基多进城通道，成功实现玛雅铁路变更及蒙内铁路运营续签，签署塞尔维亚波杜段公路等重大项目，稳住了大交通业务基本盘。深耕"大城市"业务，牢固树立"进军城市、建设城市、扎根城市"营销理念，中标香港将军澳市政公园、沙特利雅得塞德拉二期、新加坡伦多中路住宅等重点项目，锻造海外发展新的重要支撑。做优"江河湖海"，签署菲律宾帕塞吹填补充协议、阿尔及利亚阿尔泽港集装箱港口扩建项目，联合国际码头运营商共同参与吉赞经济城商业港运营，全年新签岸桥117台、场桥及其他设备255台，对外承包工程港口产业链链长地位持续稳固。拓展"新业态"，围绕核心主业有限多元发展，签署香港港岛与西九龙废物转运站、巴基斯坦大卡拉奇地区供水、沙特阿拉伯吉赞工业城冷却水、越南海上风电等系列工程，为公司海外业务多元化发展打开了新局面。

三、聚焦海外改革激活新动能

坚持以战略升级推动共建"一带一路"向纵深发展，自"一带一路"倡议提出后，即围绕"率先建成具有国际竞争力的世界一流企业"的核心目标，制定"国际化经营优先发展战略"。进入新发展时期，中交集团创新性提出由"业务国际化"向"公司国际化"升维的新发展理念，集成新的国际化竞争优势，现已初步搭建完成"1+3+N"立体营销体系，即形成以总部（1）为核，国际化经营"穿透式"管理；以国际事业部、中国港湾、中国路桥（3）为驱动，"三驾马车"多轮发力；以子集团、专业事业部和专业局院（N）为基，各业务单位协同发展新格局。

四、推动绿色发展加速新转型

把"双碳"工作纳入"十四五"规划，加快推进绿色发展转型，发展壮大流域治理、水上风电等未来产业，致力于提供更多优质生态产品，率先形成山水林田湖草沙冰一体化保护和系统治理新模式，成为世界一流交通基建领域全生命周期绿色低碳发展引领者，将"绿色""高质量"元素融入项目建设中，打造了马来西亚东海岸铁路、几内亚马拉博国家公园等卓越绿色工程。2022年11月通车的香港将军澳跨湾大桥项目，大体量使用 S690QL 超高强度钢材，大规模提高桥梁结构件预制施工比例，通过整孔吊装，整跨浮托等先进施工方法，极大降低了碳排放。据英国土木工程师学会评选委员会测算，将军澳跨湾大桥项目减少碳排放量 20000 吨，约为传统钢桥材料及施工工艺的 40%，荣获"减碳"基建项目的最高奖——布鲁奈尔奖。援埃塞俄比亚河岸绿色发展项目，将"绿水青山就是金山银山"的中国方案引入埃塞俄比亚，极大改善了当地人民生活环境，凝聚了中埃两国绿色发展的共识，作为埃塞乃至东非第一大城市广场公园——谢格尔公园友谊广场，成为埃塞首都新地标，被埃塞总理称为"美化亚的斯"的核心示范工程，荣获 ENR 全球环境类最佳项目奖。吉隆坡 TRX 中央公馆项目获得绿色建筑指数（GBI）和 LEED v4 的金级认证；樟宜机场 PK3 项目和陆交局 J106 地铁项目获得新加坡环境协会颁布的 2021 年度"生态冠军办公室"奖项。

五、策划第三方合作巩固新优势

充分发挥全球资源整合优势，联合西方及属地优势企业，共同做大利益蛋糕，分享发展成效。项目策划方面，聘请波士顿咨询、品诚梅森、仲量联行、普华永道等多家知名产业咨询顾问高标准策划斯里兰卡科伦坡港口城投资准入、产业优惠政策、长期居留许可等法案实施细则，为产业导入奠定政策基础。认真把握中阿合作回暖契机，在国家主席习近平出访沙特期间，与沙特阿吉兰签署战略合作协议，并与阿吉兰、新加坡吉宝置地就港口城公司股权及土地二级开发进行合作，从资本端、开发运营能力及产业资源导入角度，为项目更高质量发展打下坚实基础。项目合作方面，同新加坡当地开发商联合工程及速美集团合作，共同参与伦多中路住宅项目开发，成为公司在境外以公开竞标方式中标的首个房地产开发项目，成为践行"中交建筑"品牌落地海外的典范。深度挖掘马来西亚东海岸铁路沿线 TOD 开发机遇，绑定马来西亚 IJM 集团、北部湾控股共同开发关丹国际物流园，作为马中关丹产业园的"园中园"，是"两国双园"合作的典范，项目将依托马来西亚东海岸铁路以及关丹港这两大重要交通基础设施，形成"港-铁-园"联动的产业链良性发展格局。项目金融合作方面，主动对接国际金融资本，哥伦比亚马道斯（MAR2）高速公路成功获得日本三井住友、哥伦比亚国家开发银行有限追索贷款支持；加强内部企业间的协同合作，有机融合莫塔—恩吉尔公司在非葡语系国家属地化与中和物产在日供应链金融服务优势，围绕物资供应、设备采购金融合作，综合竞争力显著提升。

六、强化风险防控展现新作为

公司抓"大安全"。公司领导带队，对境外多个重点项目开展远程和现场督查，目前在建项目安全质量进度可控。抓"大应急"。落实"联防联保"机制，搭建"境外安全保障应急指挥系统"，全年发布各类风险预警 400 余次；加强与专业机构合作，有效应对巴基斯坦、斯里兰卡等国政局变动；注重突发事件应急演练，驻肯机构平稳度过大选动荡期。抓"大合规"。坚持境内外一盘棋，扎实推进海外合规体系建设，启动合规记录专项审查行动，有序开展境外各类重点风险排查。

第二节　中国建筑股份有限公司

中国建筑股份有限公司（简称中国建筑）是我国最早"走出去"的企业之一，经营业绩遍布境外百余个国家和地区，拥有投资、规划、设计、建造、运营全产业链优势，在房屋建筑工程、基础设施建设与投资、房地产开发与投资、勘察设计等领域居行业领先地位。特别是"一带一路"倡议提出十年来，公司全方位深度参与"一带一路"建设，成功打造一批高标准、可持续、惠民生的可视化成果，十年来境外新签合同额、完成营业收入年复合增速达到10.1%、12.1%，在ENR国际承包商榜单的排名由2013年的第24位上升到第7位。

2022年，面对复杂严峻的外部环境带来的不利影响，中国建筑迎难而上，积极作为，全力服务高质量共建"一带一路"。集团克服疫情影响组织召开第十五次海外工作会，系统谋划新时代新征程海外发展的目标、任务和举措，提出以"一个方位、六个目标、五个路径"为内涵的"海外高质量发展战略"，奋力开创海外发展新局面。2022年，公司深入研判海外经营形势变化，突出强调盈利能力、抗风险能力，坚持稳中提质、稳中求进，全年实现境外新签合同额、完成营业收入双增长。

一、坚持分类施策，全面优化海外市场布局

中国建筑以做优存量、做大增量、优化布局、管控风险为目标，统筹考虑市场空间、资源配置、经营绩效等因素，对海外市场布局进行优化调整。坚持分类管理、分类施策，确保资源精准投入。持续精耕细作巩固优势市场，努力将优势市场打造成为海外高质量发展的示范区、全球品牌形象的制高点；加大投入发展重点市场，努力将重点市场打造成为海外业务的主要增长点；持续关注并坚守潜力市场，加快积累属地资源，稳步扩大规模。

二、加快转型升级，推动构建多元发展格局

中国建筑以高质量发展为主线，主动调结构、促转型，房建、交通基础设施、新能源等多领域业务共同发展格局日益巩固。2022年，公司持续巩房建领域优势，在高端住宅、商业综合体、文体设施、数据中心、工业厂房等多个细分领域均有斩获，主要签约项目有香港将军澳中医医院及政府中药检测中心项目66亿元、阿联酋巴尼亚斯三期项目42.7亿元等，在高端房建领域的竞争优势持续巩固。大力发展交通基础设施业务，以"融资+设计建造"模式签约波黑武科萨夫列至布尔奇科高速公路项目，是

公司在中东欧市场首个融资项目。中标南非 N3 国家高速改扩建项目和 EB CLOETE 立交桥项目，实现南非政府公投项目的突破。以联营体形式签约沙特阿拉伯 NEOM 新城交通隧道、中标新加坡地铁跨岛线榜鹅延长线 P103 项目，进一步加强了轨道交通领域的竞争优势。发力新能源、水利水务等领域项目，成功签约塞尔维亚 ECOFUTURE 太阳能光伏发电、马拉维卡隆加供水管线等项目，助力公司业务多元化、全领域发展。

三、践行"双碳"战略，打造绿色竞争新优势

中国建筑主动顺应数字化和智能化发展趋势，将科技与建筑领域深度融合，大量运用绿色建造、智慧建造、工业化建造等新型建造方式，推动行业绿色低碳发展和数字化转型。新加坡武林广场项目采用预制水电空调模块安装技术（MEP），大幅提升了机电设备的现场安装效率，有效减少了施工现场的噪声和污染。阿联酋伊提哈德铁路网 2A 标段项目将绿色建造理念贯穿于项目建设全周期，因地制宜开展设计和建设，最大限度平衡环境与交通的关系，保护当地野生动物栖息地，真正将伊提哈德铁路打造成"迈向可持续未来"的标志性工程。

四、推进产业链整合，开创多方合作共赢局面

中国建筑致力国际产业链、供应链的整合，与属地企业、第三国企业广泛开展合作，实现优势互补，互利共赢。一是三方合作取得务实成果。公司将自身高品质履约和属地资源优势与日本大成建设的精细化管理和技术创新优势相结合，在新加坡、印度尼西亚合作签约新加坡地铁跨岛线榜鹅延长线 P103 项目、印尼太古高端公寓项目。二是属地优秀企业合作加深。公司与沙特 SAJCO 在隧道建设领域、与泰国正大集团在大型基础设施和智慧城市建设领域密切交流互动，建立起长期互信合作关系，为深化合作打下良好基础。三是与产业链上下游协同发展。依托中国建筑丰富的施工场景和品牌优势，带动合作伙伴共享发展机遇。在埃及新首都中央商务区项目施工过程中，与超过 300 家埃及当地企业建立合作，直接或间接创造了约 3 万个就业岗位。

五、强化风险管理，护航海外业务高质量发展

中国建筑将海外风险防范化解作为一项重要工作，以做好风险防控和合规经营助力海外发展行稳致远。2022 年，公司围绕加强海外经营风险防范研究出台了一系列政策措施。一是强化营销底线管理。进一步明确市场选择和项目承接的底线标准，坚持底线思维，强化依法合规经营和风险防范意识。二是加强项目风险预控和过程管控。充分发挥项目评审的风险预判预控作用，助力提升项目承接质量。建立项目全过程履约评价体系，推动项目风险化解。三是强化境外安全保障。构建风险评估、分析预警、应急处置"三位一体"的防控机制，印发境外公共安全管理办法，为境外公共安全风险预防、控制和处置提供依据和保障。

第三节　中国铁建股份有限公司

在百年未有之大变局下，受全球经济下行、新冠疫情延宕反复、地区冲突、美国对华打压遏制等因素影响，对外承包工程行业遭遇新的挑战。中国铁建股份有限公司坚决贯彻党中央、国务院决策部署，科学应变、主动求变，坚定不移推进"海外优先"战略，以参与共建"一带一路"为重点，以轨道交通全产业链优势为依托，深度融入全球工程承包市场，广泛参与重大项目建设，海外生产经营工作取得丰硕成果。

一、参与"一带一路"建设取得新突破

2022年，公司境外新签合同额448亿美元，同比增长12.63%；完成营业额103.44亿美元，同比增长19.76%；其中，在"一带一路"沿线新签对外承包工程合同148个，合同额138.12亿美元。重大项目承揽力度不减。成功签约坦桑尼亚中央线标准轨铁路六标项目（27亿美元）、尼日利亚伊巴丹－卡诺标准轨铁路机车车辆及维修设备采购项目（19.8亿美元）、沙特麦地那基础设施开发项目（9.7亿美元）、智利5号公路奇廉—科伊普伊段项目（8.3亿美元）等一大批重大项目。在建项目实施稳步推进。承建的卡塔尔卢塞尔体育场在世界杯期间广受赞誉。承揽的首个轨道交通类特许经营项目——哥伦比亚西部有轨电车项目正式开工。中企首个在南美采用盾构施工的地铁项目——智利圣地亚哥地铁7号线在该国总统塞瓦斯蒂安·皮涅拉的见证下顺利启动。莫斯科地铁第三换乘线东段大盾构项目克服新冠疫情及乌克兰危机等不利影响，建设工作稳步推进。海湾国家铁路网重要组成部分——阿联酋铁路二期项目主线铺轨全部贯通，标志着阿布扎比、迪拜、萨迦、富吉拉和拉斯海马五个酋长国实现铁路连接。西非首条电气化轻轨——尼日利亚拉各斯轻轨蓝线一期正式竣工。新兴市场开发稳步推进。中标波兰38号铁路埃乌克至科尔谢段一期工程修复改造项目、马拉维马尔卡至班古拉铁路（设计、升级和修复）工程、东帝汶帝力市雨污水排水管网工程D4标段工程、圭亚那新德梅拉拉河大桥项目、塞尔维亚斯塔拉奇－迪尼铁路段4号隧道项目等。

二、业务转型升级进入新阶段

业务已由传统的施工总承包、EPC+F模式向PPP、投建营一体化模式转型，由工程承包向规划咨询、勘察设计、建设施工、运营维护、车辆供应等全产业链服务升级。周边国家互联互通基础设施项目取得新进展。中吉乌铁路可行性研究外业勘察工作全面开展，今年6月将完成全部可研工作。援尼泊尔中尼跨境铁路境外段工程可行性研究项目稳步推进。参与境外铁路运营树立中企品牌。承建并运营的全球设计运能最大、运营模式最复杂、运营任务最繁重的轨道交通项目——沙特麦加轻轨在2022年朝觐运

营期间，累计运送全球穆斯林旅客 130 万人次，获得沙特各界以及全世界穆斯林的高度赞誉。当前，运营维护项目包括安哥拉本格拉铁路、尼日利亚阿卡铁路、亚吉铁路、沙特麦加轻轨、哥伦比亚波哥大城郊铁路等，海外铁路运营总里程超过 3000 公里。铁路相关产品出口不断增长。自主生产的土压平衡盾构机出口土耳其；泥水平衡盾构机出口韩国；12 米级泥水平衡盾构机参与了印度孟买沿海高速公路项目，这是中国自主知识产权的大直径盾构设备首次进入印度市场。截至目前，公司机械产品及服务覆盖俄罗斯、印度、土耳其、韩国、斯里兰卡、阿根廷等 30 多个国家和地区。行业协同走出去再结硕果。通过中标沙特麦加轻轨运营业务、尼日利亚奥约州伊巴丹轻轨一期一标段机车车辆和维修设备采购项目、哥伦比亚波哥大城郊铁路，带动了中国中车、北京铁路局等产业链相关单位走出去。

三、海外风险防控取得新成效

公司以海外平安稳健发展为目标，以建立健全风险防控体系为根本，全面实施事前预防、事中控制、事后补救的全过程风险管控。一是强化海外合规经营，深入学习国资委最新合规管理工作要求，着力构建"大风控""大监督"体系，全面推动海外业务管理与风险管理、合规管理相互融入、相互促进，海外风险管控能力全面提升。二是持续完善海外人员安保制度建设，组织编制了《加强境外中方员工安全保障实施工作方案》，印发了《关于开展境外中方员工安全保障整改提升专项行动的通知》等，督导所属各单位有序开展各项工作。三是组织所有境外机构和项目每季度开展安全风险评估和演练工作，加强对所在地区安全形势的分析研判，强化安全管理体系建设，加强员工培训，加强营地"三防"措施，严格员工出行管理，健全应急管理体系。四是加强督导巡检，压实各级责任。持续强化集团总部、二级单位和前方机构（项目部）三级防控体系。五是建设中国铁建境外应急指挥中心，依托信息系统平台，动态掌握公司境外中方员工分布状态，强化风险预警与应急响应，全面提升公司境外中方员工安全保障工作能力与水平。

四、推动标准走出去展现新作为

公司积极加入国际标准化组织，参与国际标准制定，努力将中国技术纳入国际标准，在国际标准化舞台展示中国标准、中国技术、中国智慧。公司所属铁四院是牵标委牵引供电分组副组长单位，积极开展国际标准提案研究工作，推动中国高铁技术标准成为国际标准。在 2022 年国际标准化组织 ISO/TC269（铁路应用技术委员会）第 11 届全体大会和 ISO/TC269/SC3（运营与维护分委员会）第 7 届全体大会上，铁四院申报的国际标准工作项目提案《干线铁路应用 ATO 运营规则导则》先后获得通过。ISO 决定成立"应用自动驾驶模式的运营规则导则"特别工作组，并指定铁四院相关负责人担任召集人。同时，公司所属铁四院主持并代表中国向国际电工委员会 IEC/TC9 提交的国际标准提案《轨道交通 列车过分相系统匹配技术准则》通过全球成员国投票，正式成立新项目国际工作组，这是我国首次主持的铁路电气化技术领域国际标准。未来3年，工作组将组织中国、加拿大、法国、英国、日本、俄罗斯、瑞士等7个国家的国际铁路专家联合起草该标准。

第四节　中国中铁股份有限公司

2022年是国际格局和形势发生自冷战以来最剧烈动荡和变化的一年，大国博弈急速冲高，地缘冲突空前激烈，疫情防控时代结束，面对诡谲多变的国际形势，中国中铁股份有限公司（简称"中国中铁"）加速推进海外改革走深走实，启动实施国际业务"十四五"规划，推动公司海外业务逆势走高，海外新签合同额与营业额再创新高。截至2022年底，中国中铁公司完成合同额275.91亿美元，境外项目总计814个，分布在全球91个国家和地区（包含港澳台地区）。2022年公司在《财富》世界500强排名34位，在中国500强排名5位。2022年ENR全球最大承包商排第2位，国际承包商排第11位，较2021年上升2位。

一、重大使命圆满完成，高质量发展取得显著成效

面对极为复杂多变的国际外部环境、面对经济下行压力陡然加大的宏观形势、面对艰巨繁重的发展稳定任务，中国中铁全面落实党中央、国务院决策部署及国资委工作要求，全面贯彻"疫情要防住、经济要稳住、发展要安全"要求，坚持以"十四五"规划为引领，认真学习贯彻党的二十大精神，统筹发展和安全，统筹疫情防控和生产经营。全力推动重大工程建设，积极服务国家战略，孟加拉国帕德玛大桥、埃及斋月十日城铁路等海外重点项目顺利完工，高质量建设雅万高铁并做好运行服务保障，习近平总书记出席G20峰会期间亲自观摩雅万高铁试验运行。

二、坚持守正创新，推动海外发展新格局

中国中铁持续推进海外改革走向纵深。2022年公司境外经营数据大幅上涨，为"十四五"经营目标实现奠定了坚实基础。"一体两翼N驱"发展新格局和"大区+国别+项目"的经营管理新体系构建基本完成，区域总部建设取得积极成效。总部经营督办和业务指导能力不断加强，以重大项目经理负责制为抓手，推动孟加拉国数字联通、瓦努阿图润泊城开发EPC、蒙古国东戈壁省TUMEN AIL露天煤矿等重大项目取得突破。全年新签约绿色环保、数字通讯、水务水电、新能源相关项目共69个，以中标马来西亚水电站、孟加拉国数字联通等项目为契机，成功进入全球数字联通和水利

水电建设领域，助力海外"第二曲线"快速发展。推动以增量市场助推产业转型，做大新兴业务发展盘，真正实现"第二曲线"创新发展。高端装备和品牌走向世界。公司践行"三个转变"，打造卓越品牌，隧道掘进机产销量连续六年稳居世界第一。截至2022年底，公司拥有自主研制的盾构设备，目前已出口德国、法国、意大利、丹麦、新加坡、澳大利亚、巴西等32个国家和地区，海外累计订单历史性突破100台，盾构设备境外市场占有率将近三成，海外市场总体份额稳居全球第二，占我国同类产品出口的70%以上，是我国国内企业出口盾构机最多、市场占有率最高的企业。

三、发挥战略导向作用，引领国际业务高质量发展

以开路先锋精神为引领，深度参与"一带一路"建设，大力推动海外体制机制改革与创新，加强统领统筹、战略管控、合规风险管控，以高标准、可持续、惠民生为目标，推动共建"一带一路"高质量发展。公司在重大基础设施建设尤其是高铁勘察设计、建造施工、工程装备等核心技术领域，充分发挥综合优势，全力开拓市场，海外生产经营取得长足进步，推动共建"一带一路"走深走实取得了较大成果。习近平总书记2017年5月出席"一带一路"国际合作高峰论坛时提到雅万、中老、亚吉、匈塞四个重大海外铁路项目，中国中铁全面深度参与。

四、切实加强海外合规管理，筑牢国际业务风险防线

当前，随着全球政治和经济格局深度调整，安全形势趋于复杂，各类风险事件频繁发生，企业境外经营和生产面临的风险和挑战显著增加。中国中铁视依法合规为国际化经营的首要前提，不断加强海外合规管理，堵漏洞、补短板，健全海外风险防范和应对机制，积极妥善应对企业面临的各类风险。

一是切实提高海外经营的风险意识。强化全员、全方位、全过程的风险防控意识，从思想上高度重视，在行动上有效落实，全面深刻理解境外风险防范对企业的重要性。

二是全面完善海外合规管理和风险防控体系。以合规风险管理体系建设统领海外风险防控体系建设，明确各管理层级的海外风险防控职责，配齐配强合规风险管理人员，驻外经营机构和项目部要严格落实风险防控主体责任，形成职责清晰、分级负责、全程监督、管控有力的海外合规管理和风险防控体系。

三是不断增强海外风险识别和分析能力。全面加强合规审查。理顺合规管理界面，分级审核机制不断强化，法律合规审核实现全覆盖。持续完善排查机制。开展境外法律合规风险年度排查，不定期开展专项排查，加大对南美、非洲等重点区域的排查力度，发布涉外合规风险提示函。着力抓好风险防范。针对多边开发银行的合规管理规则、执法案例研究，汲取经验教训，建立投标合规审核机制，发布合规负面清单和操作指南，合规风险事前防范机制日趋成熟。全面加强对相关国别政治、经济、文化等各方面的评估研判和风险识别，确保风险防控有的放矢，在经营布局上优先选择政治

上较为稳定的国家和地区。

四是加强人才队伍建设。明确涉外法治人才"三懂两强"标准，组织开展各类境外法律合规人才培训。做好国际化人才的储备工作，吸引并培养熟悉国外政治、经济、法律及精通境外业务的复合型海外人才，提高境外业务的综合风险管理能力。

五是着力培育合规文化。积极推行合规承诺制度。组织签署合规承诺书，利用新员工入职、干部任职宣布、重要会议等时机，开展合规宣誓，逐步让合规意识和理念植入人心。依托境外重大项目，积极践行社会责任，积极营造诚信合规形象。中老铁路"廉洁之路"建设成为样板工程，获国内外各界一致好评。通过中铁海外合规微信公众号，不定期发布境外业务合规资讯、案例及政策动态等，广泛开展涉外普宣传教育，增强境外合规风险意识。

六是加快推进信息化建设。加快推进国际业务信息化管理平台及境外合规管理平台的建设，实现国际业务流程化、流程标准化、标准信息化，提升公司国际业务的集中管控能力和效率。强化重点环节合规管控，将合规管理要求嵌入业务流程，初步实现融合，为合规管理信息化赋能。

第五节　中国港湾工程有限责任公司

2022年是党的二十大胜利召开的政治大年，也是中国港湾工程有限责任公司（简称"中国港湾"）"十四五"发展的关键之年。一年来，公司高举习近平新时代中国特色社会主义思想伟大旗帜，积极践行国家战略，扎实谋划发展蓝图，高水平推动标杆项目，高标准落实抗疫工作，政治方向更加坚定，发展质量显著提升，深化改革蹄疾步稳，风险防控持续加强，党的领导贯穿始终，交出了一份令人振奋的高质量发展优异答卷。总结一年的工作，中国港湾主要体现在以下五个方面的亮点：

一、积极应对海外变局，海外业务创新高

2022年度，中国港湾全面落实高质量发展要求，发展质效显著提升，全年新签合同额、营业收入、资产总额均创历史新高，营业收入利润率、管理费用占比、全员劳动生产率、资产负债率均优于全面预算指标，全年实现经济增加值4.82亿元，较上年同期增加2.6亿元，公司稳中有进、进中提质的发展态势更加稳固。公司大型项目落实有效，马东铁签署6号补充协议，莱基港顺利通过竣工验收，波哥大地铁一号线即将进入施工期，香港焚化炉完成重要节点。市场布局持续优化，沙特、越南等重点市场捷报频传。建筑、管网、绿电等新业务新签合同额同比增长168%，新的业务增长点不断壮大。

二、深入实施"三重两大",市场营销实现新斩获

深入实施"三重两大"经营策略,优化市场布局,落实国别市场分类分策管理,贯彻好一国一策,对不同的区域市场进行精准定位和科学划分,制定差异化、有针对性的市场营销策略,在"重要区域,重要市场,重点项目"中提高营销水平。一是大型项目有效落实,重点项目抓专班,强策划,全年落实1亿美元以上项目29个,合同额占新签合同总额87.58%。二是重点市场质效齐增,中国香港、马来西亚、斯里兰卡、尼日利亚、哥伦比亚等五个重点市场持续发力,同时涌现出沙特、菲律宾、墨西哥、越南、巴基斯坦、阿尔及利亚、马尔代夫、几内亚等一批增量国别市场。三是新兴市场持续拓展。在博茨瓦纳,新签北水南调工程,实现新市场和管网新业务的双突破。在东帝汶、巴哈马等市场时隔五年,重新实现突破,签署东帝汶帝力市固体废物、巴哈马大巴岛自由港防护工程等项目。四是二次经营卓有成效。以现场促市场,高质量落实菲律宾帕塞吹填、墨西哥玛雅铁路、牙买加南部沿海路、香港三跑填海工程、马尔代夫国际机场扩建等多个项目补充协议。

三、全力构筑"四商八链",新兴产业拓展见实效

公司加快布局八个业务赛道,一链一策,有序推进。在建筑、管网、环保、绿色电力等新兴产业增长明显,同比增长明显,建筑类、管网领域成为新增长极,管网板块成效突出,中标巴基斯坦卡拉奇供水、沙特吉赞冷却水、博茨瓦纳北水南调2期、牙买加南部沿海路管道供应和安装等大型管网类项目。城综、建筑板块效果显著,落实马来西亚关丹物流园。中国香港成功打开装配式建筑新市场,相继中标将军澳宝邑路过渡性房屋和启德沐安街过渡性房屋项目,拓展新基建业务。成功中标沙特利雅得塞德拉二期基础设施项目,为公司建筑产业链在中东地区的延伸贡献了积极力量。此外在印尼、牙买加、圭亚那等国别先后中标建筑类项目,夯实了公司在建筑产业链的专业能力。紧抓绿色转型发展机遇,积极拓展新兴产业,环保业务持续发力,成功斩获香港两个固体废物转运站,环保产业链向固废处理前端延伸,并实现环保业务向运营阶段的深入突破。中标东帝汶固废管理、澳门建筑废料堆填区等项目,助力公司加快生态环保产业链布局;绿色电力领域同比2021年增长明显,在越南签署茶荣东城一期和二期、兴福安136兆瓦海上风电等5个项目,落实以色列阿隆塔沃燃气电站项目。

四、纵深推进战略联盟,资源整合激发新动能

公司坚定不移地推进战略联盟,注重引入跨界资源,加强与国际一流公司和属地大型公司的合作,提升大型项目竞争力。在"大交通"领域,高质量落实"公司国际化",中标阿联酋CT-3集装箱堆场、坦桑尼亚渔港、几内亚西芒杜铁矿矿石码头等

大型项目。在"大城市"领域，积极进行市场化配置，调动外部资源，中标越南茶荣东城海上风电一期和二期项目，落实以色列阿隆塔沃燃气电站扩建项目，签署所罗门群岛宽带基础设施项目合同，持续推进属地经营，顺利中标阿尔及利亚阿尔泽港扩建项目。

五、牢固树立底线思维，发展环境更加平稳

公司严格控制财务金融风险，全年应收账款下降，"两金"结构显著改善。斯里兰卡港口城、牙买加南北高速项目通过利率掉期、融资置换等金融工具，有效缓解美元加息影响。深入落实"合规管理强化年"要求，积极推动境外项目佣金管理等专项整治工作，取得阶段性成果。严防信访维稳风险，处置敏感突发事件，圆满完成冬残奥会、党的二十大期间维稳任务。牢牢守住安全底线。落实集团"五个到位""1247"工作要求，全年实现零安全责任事故、零质量环保事件，荣获鲁班奖3项，ENR全球最佳项目2项，国家优质工程2项。

第六节　中国能源建设股份有限公司

中国能建建设股份有限公司（简称"中国能建"）是全球最大的电力行业综合解决方案提供商和基础设施投资承包商之一，自20世纪70年代开始走出国门，在我国全方位对外开放进程中，打造了一批具有能建特色的中国坝、中国电、中国网、中国城、中国路、中国桥。截至2022年底，中国能建已在90多个国家和地区设立各类驻外机构300多个，业务覆盖147个国家和地区，在"一带一路"沿线57个国家开展业务，设立了100多个市场开发类机构，累计签约总金额超过8000亿元，是中国企业参与高质量共建"一带一路"的主力军、排头兵、先锋队。

2022年，中国能建坚定践行走出去和高质量共建"一带一路"倡议，大力推动国际业务优先优质协同发展，体制机制改革平稳落地，市场经营提质增效，风险防控扎实推进，发展质量持续提升。在2022年"国际承包商250强"中排名第17位，在"全球承包商250强"中排名第11位，在"国际工程设计公司225强"中排名第16位，在"全球工程设计公司150强"中排名第2位。

一、全面落地国际业务改革，激发海外发展新动能

中国能建2021年系统启动国际业务改革，构建"一体两翼"海外优先发展新体系和"1+2+N+X"海外业务管理新体制。2022年国际业务改革全面落地见效，海外业务发展呈现勃勃生机和活力。

"1"即"一体",指中能建国际建设集团有限公司;"2"即"两翼",指中国葛洲坝集团国际工程有限公司和中国电力工程顾问集团国际工程有限公司;"N"即国际业务龙头企业;"X"即国际业务骨干企业。"一体"引领统筹中国能建国际业务大发展,"两翼"作为双平台协同"一体"有序开展国际业务,龙头、骨干企业在各自优势领域做出国际业务增量。

1. 强化战略引领

高质量编制发布国际业务"十四五"发展规划,组织"N+X"企业编制本企业专项规划,明确发展目标、路径和举措。出台《国际业务优先优质协同发展指导意见》,系统构建顶层推动和组织保障体系。时隔10年再次召开全集团国际业务大会,对加快走出去进行再强调、再部署,凝聚起全集团共兴海外的强大共识。

2. 完善管控体系

围绕国际业务"一盘棋",系统升级管理体系,编修《国际业务市场开发管理规定》等20余项核心管理制度,构建市场、履约、投资、风控、公共关系和人才"六大管理体系",加强考核机制,制定国际业务专项奖励方案,奠定高质量发展根基。

3. 优化市场布局

研究出台《国际市场(机构)布局优化方案》,对全球六大区域、199个国别市场按照核心市场、骨干市场和潜力市场进行分级分类管理,差异化匹配资源。统筹开展重点国别、业务、投资、项目"四大策划",切实提升市场开发质量效益。

二、持续提升发展质量,打造国际竞争新优势

中国能建深入践行碳达峰碳中和战略目标,不断探索推进国际业务转型升级和高质量发展路径,全力推进海外"三新"(新能源、新基建、新产业)能建建设,在高质量共建"一带一路"上展现更大作为。

1. 持续优化市场结构

强化承包业务看家本领,不断巩固在水电、输变站等电力领域市场份额,拓展市政、建材等非电业务。聚焦重点国别、重点产业、重点项目,加快打造战略支点。全年实现签约2398亿元,再创历史新高,位居建筑央企前列,其中现汇项目占新签合同总额的60%以上;"一带一路"沿线签约占69%,同比增长40%,在乌兹别克斯坦、沙特阿拉伯、埃及、墨西哥等地实现持续深耕。

2. 大力拓展海外"三新"业务

将新能源业务作为转型升级主战场,加速抢滩布局。印发境外新能源考核实施方案,牵头成立的新能源国际投资联盟已发展成为行业内具重大影响力的高端合作平台。海外新能源项目签约占总签约比例升至30%,同比增长66%,其中风电同比增长39%,太阳能同比增长176%;成功签约沙特PIF2.6吉瓦光伏、乌兹别克斯坦1吉瓦风电等重大项目;科特迪瓦生物质发电项目及埃及数据中心项目实现了新产业的突破。

3. 加快海外投资创效步伐

出台海外新能源投资业务指导意见，完善投资顶层策划，编制重点国别及行业投资策略报告。全年新增 13 个总投资额 28.78 亿美元的投资立项，完成缅甸光伏、科特迪瓦松贡燃气电站等 6 个项目决策，总投资额 11.5 亿美元。强化投资建设和运营管理，巴基斯坦 SK 项目加快建设，巴西 SPSL 水务项目创效水平稳中有升。

三、深入开展三方合作，构建互利共赢新格局

中国能建持续加强高端营销力度，发展优质第三方合作伙伴，与国际业务伙伴探讨合作模式创新，持续优化境外项目合作机制，推进市场开发和项目履约实现新突破。

1. 务实开展高端营销

全年主办、承办以及参与高端峰会论坛 10 余场次；主要领导与外国元首、驻华大使等开展高端会晤，与国际多边及中外金融机构"总对总"对接 20 余场次；与中国驻外大使、参赞和外国政府部门进行超过 200 场次的交流会谈。企业实力和品牌得到充分彰显，国际业务朋友圈不断扩大。

2. 建立三方合作机制

加强与国内外主管单位、双多边金融机构的对接和沟通，持续关注政府主导的 14 个第三方市场合作机制以及重点合作区域和合作领域，挖掘优秀合作伙伴。从政策把握、平台支撑、资源整合等多维度加强与国外设计咨询公司、设备技术供应商、投融资机构的合作。与 ACWA、EDF 等第三方战略合作关系不断深化。

3. 推动合作项目成功落地

与 ACWA 合作的世界最大的阿联酋乌姆盖万海水淡化项目已投入商业运营。乌兹别克斯坦锡尔河燃气联合循环独立电站项目，开创了中国、沙特、日本、乌兹别克斯坦企业在技术、资金、建设等领域多边友好合作的范例。所属广东火电与德国西门子合作的世界最大的约旦阿拉塔特油页岩电站项目已顺利实现 COD 目标。

四、风险防控持续加强，筑牢海外安全发展新防线

当前百年未有之大变局加速演进，中国能建高效统筹发展与安全的关系，增强风险意识和斗争精神，以更强有力的举措，主动预防和有效化解各类风险挑战。

1. 夯实风控合规基础

系统搭建"1+2+N+X"国际业务风控合规体系，深入开展"违规经营投资""境外反腐"等专项治理和境外业务风险专项排查，全面实施"合规管理强化年"行动，针对涉美"长臂管辖"等风险开展专项研究，风险防控能力进一步提升。

2. 用心用情做好疫情防控

搭建境外疫情防控管理预警平台，对境外阳性人员开全覆盖健康监测，实施"一对一"医疗和心理咨询，全年未发生大规模聚集性疫情和危重症死亡病例，疫情风险

始终可控在控。全力推动解决因疫情导致的境外员工回国难问题，高效完成境外人员接返专项任务，得到国资委、外交部、驻外使馆高度评价。

3. 压实社会安全管理

加强境外社会管理标准化体系化建设，全覆盖开展项目（机构）风险评估和应急演练。坚持"危地不往、乱地不去"，对高风险国别人员派出实施提级审核。组织在乌克兰人员安全撤离，稳妥处置埃塞、安哥拉、斯里兰卡、巴基斯坦等国突发安全事件，有力保障员工生命安全。大力推动公共安全领域合作，成功主办全球公共安全合作论坛（连云港）安全发展论坛。

第七节　中国电建集团国际工程有限公司

2022年是党和国家历史上极为重要的一年，党的二十大胜利召开，以中国式现代化为目标，开启了新时代新征程。2022年也是国际工程承包行业经历的第三个寒冬，三年来疫情、乌克兰危机等多重因素给行业和公司带来了前所未有的危机和挑战。中国电建集团国际工程有限公司（简称"电建国际公司"）上下坚持以习近平新时代中国特色社会主义思想为指导，坚决落实党中央和上级决策部署，齐心协力凝聚共识，调整思路谋求发展，经营履约稳中有进，保证国际业务大盘稳定。总结过去一年的工作，成绩主要体现在六个方面：

一、保持战略定力，坚定不移开展国际业务

公司坚定国际业务发展信心不动摇，坚持稳中求进工作总基调不动摇，积极承担国内国际双循环交汇互促责任和企业主体责任，以推动共建"一带一路"高质量可持续发展为主题，以加强基础设施互联互通和深化国际产能合作为重点，以深化国际经营改革创新为根本动力，统筹规模和效益、发展和安全、重点和一般，不断增强国际业务竞争力、创新力、控制力、影响力、抗风险能力。

二、落实"双碳"理念，积极推进海外绿色低碳能源开发建设

中国电建作为全球清洁低碳能源建设领域的引领者，深入践行"双碳"理念，大力推进海外绿色低碳能源建设。2022年电建国际公司在海外电力项目总排名以及火电、水电、新能源、太阳能光伏、风电五个分排名中，签约额均位列前茅。

三、抢抓机遇应对挑战，经营发展稳中提质

2022年，公司千方百计稳大盘，加强营销统筹和履约监管。一是坚持高质量签约，

杜绝规模冲动，落实"三个不签"，强化全过程评标管控，订单价格有压有增，确保重点区域、项目投议标价格质量。二是坚持高质量履约，项目管理和履约监管水平得到显著提升，马里古伊那、沙特拉比格三期、孟加拉达舍尔甘地污水处理、卡塔尔 800 兆瓦光伏等一批有较大影响力的重点工程顺利履约或完工，彰显了中国电建品质承诺。

四、调整结构，业务模式协同发展

一是业务板块上，做强"水"。在中东保持海水淡化全球最大承包商地位。做优"能"。更加强调新能源业务质量，签约老挝孟松等一批"之最"项目，新能源继续名列中国企业境外签约第一。拓展"城"。学校、医院、城市综合开发和轨道交通等基础设施行业取得积极进展。二是经营策略上，全面加强第三方市场合作，举办国际氢能合作论坛，通过进博会等重要活动契机，与全球合作伙伴携手共进。

五、坚持"高标准、可持续、惠民生"，高质量共建"一带一路"获各界赞誉

习近平主席同印度尼西亚总统共同观摩雅万高铁试验运行；习近平主席见签优惠贷款协议、南亚最大的污水处理厂——孟加拉达舍尔甘地污水处理项目正式投产；我国援外在建最大水电站——布隆迪胡济巴济水电站竣工，总统出席典礼；四国总理出席马里古伊那水电站项目竣工发电庆典；塞尔维亚绕城公路通车，总统出席典礼；安哥拉总统出席库内内抗旱项目竣工典礼。集团海外 2 个项目荣获鲁班奖，2 个项目荣获国家优质工程奖，3 个项目荣获优秀营地奖，8 个项目荣获境外可持续基础设施奖，4 个项目荣获国际工程绿色供应链管理杰出项目奖。电建国际公司获评承包商会社会责任绩效评价"领先型企业"和绿色供应链管理评价最佳组织奖；成为"国际可持续基础设施促进机制"发起单位；担任"中国在非社会责任联盟促进委员会"主席单位，在尼日利亚、安哥拉组织的"百企千村——爱点亮世界"光伏捐赠活动深受好评。

六、突出接地气、聚人心，大力推进民生工程

公司注重打造和谐开放的外部环境，注重建设提升当地民众获得感的项目，积极参与援外民生项目、社区教育项目、技术培训等领域服务，在项目所在国和社区注重讲好中国故事、电建故事，打造企业美誉度。在建设赞比亚下凯富峡水电站项目期间，投资兴建了赞比亚中国水电培训学院，取得当地办学资质，累计培训毕业 332 人。在建设马里古伊那水电站期间，为当地提供了上千个直接就业岗位和数万个间接就业岗位，属地化用工率达到了 86%。项目严格遵守当地劳动法律法规，为当地雇工建造了设施齐全的营地，提供了全面的社会保障福利，在新冠疫情蔓延期间，还为给当地民众提供了完善的医疗防控体系和完备的防疫物资支援。

第八节　中国化学工程集团有限公司

一、海外业务持续拓展，高端经营成果丰硕

2022年，世纪疫情叠加乌克兰危机等多重因素影响使得海外业务发展困难重重，中国化学深入落实党中央"稳增长"工作要求，坚持稳中求进，海外营收和利润均实现了两位数增长，其中利润较去年同期增长近50%。海外品牌影响力持续提升，ENR2022年"全球承包商250强"位列第16位，为中国化学历史最佳排名，连续两年全球油气领域承包商营业收入排名第一。经营布局不断优化：2022年新设11个境外机构，根据经营实际撤销8个境外机构，全面加强境外机构的市场开发职能，加大人员投入，解决境外机构经营"空心化"问题。重点项目顺利实施，哈萨克斯坦最大化工 IPCI 项目竣工投产，哈总统亲自到现场参加竣工仪式；俄罗斯波罗的海化工综合体项目新增20亿欧元补充协议；印尼巨港电站圆满移交。市场开发实现突破，新签50.5亿元印尼油储码头项目、32.3亿元沙特沙比克项目、22.5亿元巴基斯坦 LNG 接收站项目等。高端经营成效显著，与巴斯夫"统谈统签"全球首份施工合作伙伴框架协议；集团总经理文岗带队赴境外开展高端经营，期间同哈总统、能源部长、哈石油高层、乌总理及两位副总理、全国政协副主席、中联办副主任、我国香港政务司、机电工程署、水务署等主要部门开展了高端商务对接，达成了系列重要合作成果，与乌兹能源部签署战略合作协议，多个项目正在有序推进。

二、统筹推进疫情防控和境外项目建设所采取的措施和成效

2022年，公司根据国资委等上级领导部门的工作要求，统筹推进疫情防控和安全生产，落实境外疫情期间海外员工接返专项工作。公司建立集团公司、工作专班、专项工作组、前方指挥部、海外项目部五级责任体系，搭建"1个总体方案+9个专项方案+19个工作细则"的科学工作方案，严把"十个工作关口"，积极对接共建省市，高效协同兄弟央企，先后组织参与包机52架次，成功安全接返7246人，未出现一例输入确诊病例，实现了海外员工的有序轮换，保障了海外员工队伍的稳定，经营生产的有序开展，受到国资委书面表扬。

三、以共建"一带一路"为引领，推进互联互通，深化国际产能和第三方合作

积极参与"一带一路"建设，通过顺利推进国际工程承包项目，加大国际产能合作力度，有效带动中国设备、中国技术、中国标准走出去。公司承建的俄罗斯波罗的海天然气化工综合体 GCC 项目是目前全球石化领域单个合同额最大的项目，也是中国

企业走出去合同额最大的项目。本项目营区板房等建设材料均从国内采购，受新冠疫情影响，国际货运断崖式减少，中欧班列数量骤减，给项目建设带来了巨大的挑战。为了打通物流通道，公司主动与铁路、物流、海关部门保持密切沟通，积极带动货物出口，为 GCC 项目开通了中欧班列成都至圣彼得堡的首趟专列。俄罗斯圣彼得堡市外联委、海关、铁路等俄方相关部门代表出席迎接仪式，该项目的成功实施，将成为中俄经贸领域合作的一个标志性典范。

四、加强合规管理，提高境外经营合规管理水平的措施和成效

充分发挥集团在法律、合规、风险、内控"四位一体"的综合管控能力，境外依法合规治企能力水平进一步提升。一是配备境外合规机构人员。梳理境外合规管理机构设置和人员配备情况，对于境外重要子企业或重点区域，明确合规管理负责人，配备法律合规人员，有条件的建立专门机构。二是完善合规人员参与机制。实行海外大项目合规提级审查制度，法律合规人员要全程参与境外重大项目，强化合规审查，针对高风险问题及时完善制度机制，从源头管控境外合规风险。三是强化境外规则学习研究。组织深入研究出口管制、劳动用工、反腐败等境外重要规则，密切关注高风险国家和地区法律法规与政策变化，积极做好风险防范应对。四是持续开展合规风险监测。进一步完善重大合规风险标准，定期开展企业境外合规风险排查，增强境外合规风险监测力度。

五、境外履行社会和环境责任，促进东道国经济社会发展和民生改善

公司承接的哈萨克斯坦 IPCI 聚丙烯项目建设过程中，通过设备制造本土化、参建工人本土化、施工队伍本土化，以"传、帮、带"培养了一批专业技术人才和本土企业，带动了当地劳动力就业和经济发展。为更好的利用当地资源，公司联合业主在项目所在地举办采购招商会，深入对接当地企业，将本土化采购做到最大化。以项目最大的单体设备–丙烷分离塔为例，该塔是项目的核心设备，高 105 米，直径 8.4 米，制造难度很大。制造单位阿特劳市 ANM 公司最初并不具备生产如此大型设备的经验和能力。公司以帮、教、带为工作出发点，优先调拨资金、协调资源、材料，从中国调来 20 多名专家长期驻厂，进行现场指导、培训，最终顺利完成设备制造并成功运抵现场。该设备的顺利交付，意味着 ANM 公司已经具备了制造超大化工设备的技术能力和人才储备，可在将来单独承接采购订单。

该项目上，公司与当地 50 多个单位进行合作，本着合作共赢原则，通过进场培训、专题讲座、班前会、日常检查等方式，将中国工程管理理念灌输给当地施工队伍，将中国先进施工技术和工法与哈国工程实际相结合，为项目提供优质工程服务的同时，带动了当地一大批专业技术管理人员的成长和提高。项目部选择表现优秀的当地工人作为特殊技术工种（焊工）进行培养，由中国经验丰富的焊工传授技能。

项目建设期间，项目部始终以文化交流、民心相通作为工作指引，哈方员工亲属去世，中方管理人员自发捐款，项目党支部以集体名义进行帮助，捐助约15万坚戈/人；我方某员工生病，哈方员工也自发捐款22.6万坚戈用于帮助治疗。公司在IPCI聚丙烯项目上累计与当地服务商、分包商、供货商共签署合同超过400份，合同总额超过5000万美元，为当地创造了约2000个就业岗位，在创造经济效益和就业机会的同时，也提高了当地制造厂商和施工队伍的技术能力和管理水平，获得了社会各界的一致好评，显著提升了中国化学在当地的知名度和美誉度。

在参与建设非洲最大的炼油项目尼日利亚丹格特炼油项目中，公司现场共有5000多名员工，其中外籍员工近4000人，现场施工主要依靠当地员工完成。通过持续开展各种操作技能培训，显著提升了当地员工的专业水平和工作能力，在改善当地人民生活水平的同时，为当地培养了一大批施工专业技术人才。培训赋能，提升当地员工技术水平。项目部优先招聘当地员工，根据对新员工的专业技能测试结果，将其编入砌筑、焊接等不同的专业技能培训班，实行"班级制"管理。内容丰富、实用性强的各类培训激发了当地员工学习和工作的积极性、主动性和创造性。同过佳节，提升当地员工归属感。每逢中外佳节，项目部邀请外籍管理人员与中国员工共同庆祝节日。在春节期间开展"包饺子"大赛、写"福"字、贴春联、猜灯谜等活动；中秋节共赏一轮明月遥寄思乡之情；圣诞节组织员工互送圣诞礼物。同时积极开展"夏送清凉""冬送温暖"活动，真正让当地员工感受"家"的温暖。参与管理，多方面培养本土人才。项目部引导当地员工充分参与到自身的管理与培训中，不断完善知识结构与管理技能，争取成为当地能够"独当一面"的专业技术人才或管理人才，更好地实现自我价值。截至目前，项目部共培养481名合格的当地焊工，能独立完成焊接任务且合格率达到91%以上，得到业主指定的第三方检测公司的充分肯定。

六、防范化解风险的工作情况

2022年，公司成功解除世行对所属华旭公司的制裁；稳妥化解乌克兰危机风险，俄罗斯晓基诺项目放款问题已彻底解决，正在协商受出口管制设备的替代方案，与业主就疫情对项目的影响达成一致，补偿1.33亿元人民币。组织开展"利用境外项目佣金中介费牟取私利"专项整治行动，所属企业全面摸清底数、从严开展自查自纠，健全佣金管理制度，严格规范佣金管理行为，加强境外廉洁风险管控，着力提升境外依法合规经营能力水平。按照高风险国别人员"应撤尽撤、能撤快撤"的原则，从严、从实、全面推动高风险国别非必要人员压减，巴基斯坦中方员工从24人压减至8人，尼日利亚中方员工从2055人压减至681人，压减率超过60%。组织所属企业参加俄罗斯、埃塞俄比亚、斯里兰卡、刚果金、巴基斯坦、安哥拉、孟加拉国、尼日利亚等国别联防联保"回头看"安全形势分析会。集团层面由国际事业部、安全质量监督部、运营管理部组成境外人员安全保障工作专班，牵头组织对境外项目（机构）开展全覆盖安全巡检，检查人防、物防、技防措施和出行管理方案，监督应急预案编制和升版，观摩应急演练情况，指导加强人员安全保障工作。

第九节　中国冶金科工集团有限公司

一、2022年海外业务情况

（一）总体情况

2022年，中国冶金科工集团有限公司（以下简称中冶集团）聚力向新、乘势而上，努力克服疫情及国际形势严峻等诸多不利因素的影响，坚持境外疫情防控和生产经营的"两手抓、两手硬"，在双循环新格局中积极推进中冶海外业务的高质量发展。中冶集团海外业务遍及全球，在50个国家和地区设有125个境外机构（包括办事处、分公司、当地公司等），其中：工程类境外机构115个，矿业类境外机构10个。在"一带一路"65个沿线国家中的27个国家设立77个机构，"一带一路"沿线国家设立的机构占比达61.6%。

在海外市场开发方面，2022年，中冶集团新签海外工程合同63.91亿美元，涌现出了一批展现中冶实力、聚焦主业、突破创新的项目，如中冶南方、中冶长天和中冶赛迪分别签订越南和发榕橘钢铁二期炼铁、炼钢、烧结和原料场项目，合同金额达到42亿人民币；上海宝冶成功签约柬埔寨最高地标建筑—金汇大厦综合体总承包项目；中冶焦耐成功签约哈萨克斯坦阿赛乐米塔尔焦炉项目；上海宝冶签约印尼OBI镍铁项目RKEF二期工程项目等。

在海外工程执行方面，中冶集团海外在建项目共有411个，合同额总计174.45亿美元，分布在55个国家和地区。2022年，中冶集团克服疫情的影响，完成印尼华越镍钴项目，收到业主表扬信；土耳其ISDEMIR3号焦炉原地重建项目建成投产；阿尔及利亚奥兰体育场竣工，2022年6月，在这个体育场内，阿尔及利亚成功举办了为期十天的第十九届地中海运动会。

在海外矿山运营方面，2022年，中冶集团境外矿产资源项目努力克服疫情和外部安全风险带来的多重困难，坚持贯彻落实集团"快挖快卖、满产满销"的经营指导方针，坚持确保在产项目稳产、高产、达产，持续优化各项生产技术指标，受益于金属矿产品价格上涨，产量、销量、营收和利润等重点经营指标同比显著增长，瑞木镍钴矿、杜达铅锌矿和山达克铜矿3个在产矿山项目2022全年累计实现净利润人民币17亿元，持续发挥利润大户作用。

（二）海外工程市场开发亮点

2022年，中冶集团继续深耕"一带一路"共建国家以及区域全面经济伙伴关系（RCEP）国家市场，聚焦重点市场和培育潜力市场，坚持推进国际化和属地化战略，在海外冶金和非冶金领域取得了不少亮点项目。

2022年1-2月，中冶南方、中冶长天和中冶赛迪分别签订越南和发榕橘钢铁二期炼铁、炼钢、烧结和原料场项目，合同金额达到42亿人民币，这是中冶集团在"一带一路"共建国家获得的又一个综合性钢铁基地建设项目，进一步擦亮"冶金建设国家队"的品牌，彰显了国际冶金市场影响力。

2022年2月，上海宝冶成功签约柬埔寨最高地标建筑-金汇大厦综合体总承包项目，该项目刷新了柬埔寨200米以上超高层地标新高度，为上海宝冶海外经营连续性和稳定性再添一层保障，进一步夯实了上海宝冶在数量和高度"双料"上持续领跑柬埔寨超高层建筑市场的龙头地位。

2022年8月，中冶焦耐成功签约哈萨克斯坦阿赛乐米塔尔焦炉项目，合同额超过8亿人民币。本项目建设的顶装焦炉是中冶焦耐基于目前最先进的7.65米顶装焦炉为业主量身定制的新炉型，具有大型化、智能化、绿色化的特点。这也是该炉型第一次出口海外市场，对中冶焦耐巩固大型焦炉海外高端市场起到了关键作用。本次与安赛乐米塔尔集团的合作将为中冶焦耐扩大海外高端焦化市场、迈进前独联体市场奠定基础。

2022年10月，上海宝冶签约印尼OBI镍铁项目RKEF二期工程项目。该项目是继印尼OBI岛镍钴工程一标段和印尼OBI镍铁项目一期后，上海宝冶和力勤的再次携手合作。二期工程项目的成功签约是上海宝冶扎实践行"大海外"战略、坚定落实"一带一路"倡议的成果体现，彰显了冶金建设国家队的品牌与实力，为中冶集团持续深耕印尼市场奠定了坚实的基础。

（三）海外工程项目执行亮点

2022年3月，二十冶承建的印尼华越镍钴项目克服疫情等多重因素的严重影响顺利竣工。业主华越镍钴（印尼）有限公司发来感谢信，对项目顺利完工做出的努力表示衷心感谢。

2022年6月，中冶焦耐土耳其ISDEMIR3号焦炉原地重建项目建成投产。此项目是焦耐在土耳其市场的第一个总包工程，顺利实施与落地对其在土耳其市场的EPC项目具有重要的里程碑意义，也为后续土耳其4号焦炉顺利竣工奠定坚实基础。

2022年6月，中冶国际和二十二冶EPC总承包建设的阿尔及利亚奥兰体育场竣工。在这个体育场内，阿尔及利亚成功举办了为期十天的第十九届地中海运动会。这是阿尔及利亚奥兰省首次举办地中海运动会，来自26个国家和地区的3390名运动员及各国人民亲身感受到"中国建造"的恢宏大气，阿尔及利亚奥兰体育场的惊艳亮相向世界展现了阿尔及利亚人民友好、开放、热衷于体育运动的情怀。

此外，还有印度 JSPL 干熄焦项目、河钢塞尔维亚有限公司技术改造项目烧结系统施工工程、台塑河静钢铁兴业责任有限公司煤气柜工程等项目顺利履约完成。

二、转型升级

（一）突出技术、择其精要，技术输出引领新时代。

技术是工业发展的根本动力。中冶集团在钢铁冶金领域的高端咨询及总体设计能力具有国际领先水平，在原料场、烧结、焦化、高炉、炼钢、连铸及轧钢领域达到国际先进水平，这为加快全流程、全产业链、全生命周期冶金建设技术输出，积极推动我国对外经济合作提供技术支持。中冶集团依托核心技术，通过设计带动核心技术、核心设备、项目管理、运营服务等冶金全产业链出口，为越南、马来西亚多个钢厂项目的绿色制造、智能制造贡献中国方案。

（二）设备带动、创新兴工，设备出口续写新篇章。

先进设备是国之重器，是实体经济的重要组成部分。中冶集团作为国家创新型企业，拥有 12 家甲级科研设计院、26 个国家级科技研发平台，累计拥有有效专利超过 33000 件，推动自主知识产权专业设备"走出去"，加快"制造强国"建设。中冶集团不仅带动自有专利设备走出去，还带动国内其他冶金有色工艺设备出口，在东南亚、俄罗斯、土耳其多个项目中发挥质量好、性价比高、易于运营的作用，得到各方好评。

三、绿色低碳

（一）绿色施工、绿色环保，工程环境治理持续改善

中冶集团践行生态文明理念、肩负央企担当，坚持将环保理念贯穿到工程建设各个环节，打造高标准精品工程培育绿色环保施工能力。

中国华冶在巴基斯坦建设的杜达矿业被赞誉为"杜达在华冶人手中建成了新时代的南泥湾"的绿色生态矿山，在建设中严格控制固体废弃物排放，矿井掘进废石部分回填，地表部分破碎后用于建材；矿井涌水部分直接用于生产用水，部分涌水和废水处理后循环再利用；建设雨水收集和废水回收净化系统，实现废水 100% 循环再利用；在矿区季节性河流上建水坝，形成 200 万平方米库容水库；改造戈壁滩形成 50 余亩菜地，建成 2 万平方米鱼塘，并建成畜牧养殖场。

（二）绿色技术、迭代革新，产业转型升级成效凸显

中冶集团紧跟新时期钢铁行业发展需求，聚焦水、气、声、渣等环保要素痛点，在绿色化、智能化关键核心技术上强力攻关，形成了一批先进、实用、高效的技术和产品，努力建设人与自然和谐共生的现代化。

中冶南方承建的印尼德信钢铁年产 350 万吨钢铁项目是国家"一带一路"重点建设项目，在印尼国内打造集焦化、烧结、炼铁、炼钢、轧钢为一体的绿色环保、高效节能的现代化钢铁生产基地，有效促进印尼冶金行业的快速发展，带动当地相关产业链条的提质升级，为当地社会经济建设与发展起到积极的推动作用。

（三）绿色项目、高效履约，美丽生态环境持续改善

中冶集团大力建设绿色项目、绿色能源产业，开启助力城市和企业环境治理、产业升级、绿色高质量发展的生动实践，构建人与自然生命共同体。

在印度尼西亚，中冶南方作为唯一一家拥有电力行业专业甲级设计资质的环保公司，在承建的纬达贝工业园区 3*250MW 发电项目中，充分发挥在钢铁行业高参数小型化低热值发电、全流程二次能源综合利用、工业园区电力孤网运行等领域的绝对优势，把该项目建设成为"一带一路"上的绿色环保标杆工程。

四、社会责任

（一）扎根属地、人上发力，人才培养走出新天地

中冶集团加强海外人力资源建设和科学管理，为海外发展提供强有力技术、管理型人才支撑，为属地国家发展走得更快、走得更稳贡献中冶力量。一是职业技能出海，提升人才专业度。中冶南方能源环保业务海外运营团队，在服务马来西亚、印尼等国发电项目运营期间，通过技能培训、专业授课和实战演练等方式，形成重点培养、带动其他员工突破瓶颈的模式。二是管理建制出海，提升发展开放度。为在海外冶金运营服务行业补足属地管理类人才短板，中冶宝钢东南亚基地以项目为抓手，开展越籍员工岗位发展规划和岗位轮换，拓宽越籍员工岗位晋升通道。三是实地见习交流，提升发展融合度。加大属地人才培训、传授先进生产理念和操作技术，围绕铁前系统原料、烧结、焦化、炼铁、铁水预处理、公辅等钢铁单元为国外多个项目进行人才培训。

（二）锚定惠民生，让员工与社区伴随企业共同成长

中冶集团一如既往积极履行社会责任、多措并举为周边地区和附近村民办好事、办实事：

1. 推动当地工业化和城镇化

山达克铜矿项目作为巴基斯坦第一大有色金属采、选、冶企业，结束了巴基斯坦不产铜的历史，填补了其有色金属工业的空白，与杜达铅锌矿项目一起推动了当地制造业、服务业和交通运输业等相关产业的发展，十多年来在巴基斯坦当地采购的物资总价值超 5 亿美元，支付给当地运输商的各种运输费用超 3000 万美元。

2. 带动当地就业

在海外项目中，中冶集团大量使用当地工人，为当地创造众多就业岗位，并通过

"传、帮、带"或"师徒结对"活动，培养当地工人成为产业工人和具备一定技术的专业人员。

3. 大幅度提升了周边群众的生活水平

一直以来，中冶集团海外项目坚持经济效益与社会效益并重的原则，不仅通过项目建设改善当地生活条件，而且认真履行社会责任，多次捐款捐物等，救困解难，积极造福当地。

2022 年，中冶 3 座在产矿山（巴新瑞木镍钴矿、巴基杜达铅锌矿、巴基斯坦山达克铜矿）为中方实现盈利 16.6 亿元，为当地合作方分红 3 亿元、创造直接就业岗位 3707 个、在当地缴纳税收 3.4 亿元，救灾捐款计 476 万元。中冶多家子企业多次获奖获誉、持续树立了我大国央企良好海外形象。

另外，中冶集团还发挥巴新瑞木镍钴矿资源优势，在国内设厂生产三元前驱体，有效延伸了镍钴金属产业链，为国家新能源行业做出了积极贡献。

第十节　中国葛洲坝集团股份有限公司

2022 年是公司全面落实中国能建国际业务"一体两翼"改革方案，开启高质量发展新征程的第一年。面对严峻复杂的国际环境，公司深入贯彻落实中国能建《若干意见》和"1466"战略，以新思想、新方法、新举措加快推进中国能建和集团国际业务改革，不断强化"大履约、优布局、强市场"和"实体＋平台"职能定位，持续推动海外业务优先优质发展，提高科学管理能力和水平，实现国际业务高质量发展。全年集团国际业务实现签约 763.49 亿元，生效 188.32 亿元，营收 144.31 亿元。

一、市场开发成效显著

奋力抢抓市场机遇，深入一线开展项目运作，超额完成年度签约计划。科学制定 22 个国别深耕实施方案，扎实推进深耕措施落实落地，深耕国别全年实现项目生效 178 亿元，占年度生效合同额的 95%。全力盘活存量融资项目，赤几马拉博供水项目获得 8 亿元首放款、波黑达巴尔水电站项目实现第一期保费支付、安哥拉凯凯输变电项目完成合同签约。积极跟踪获取高质量投资项目信息，全年完成投资项目立项 7 个。

二、项目履约稳步推进

深入推进公司领导联系督导机制，通过大项目例会、专题会、现场巡查等方式，对重难点项目进行常态化督导，有效推动项目履约。安哥拉凯凯项目实现 6.79

亿美元全额预付款收款，完成合同二号补遗签署，主体工程正式开工；阿根廷吉赛项目完成合同十一号补遗签署，时隔五年重启项目融资放款；巴基斯坦达苏项目有力应对罕见泥石流自然灾害，快速组织复工复产；马来西亚巴莱项目大坝填筑正式启动；尼日尔凯大吉水电站项目实现二期围堰截流；纳米比亚铁路修复项目超前完成进度目标；安哥拉卢阿西姆电站两台机组顺利投入试运行；科威特穆特拉项目全面移交。

三、品牌建设持续提升

全年开展国内外各类高端拜访190余次，积极参与东盟博览会、进口博览会、澳门论坛等大型活动，高端营销卓有成效。精心建设公司企业文化展厅，加大新闻宣传力度，实现央视、新华社等国内主流媒体对公司宣传报道132次，境外主流媒体宣传报道120次，《铁娘子的非凡人生》等多部宣传作品获国资委"好新闻"奖。积极履行社会责任，公司获评"中国对外承包企业社会责任绩效评价先进型企业"，阿根廷吉赛项目、巴基斯坦达苏项目营地分别被评为海外项目杰出营地和优秀营地，彰显了公司品牌形象。

四、风控体系有效运转

坚持把牢风控主线，深入开展国别机构、在建项目全面风险排查，制定分级分类清单，确保风险可控在控。严格落实法律三项审核制度，全年共完成67项制度、12项重大决策、588项经济合同法律审核，法律审核覆盖率达到100%。加强法律纠纷案件处置，印尼巴比巴卢项目分包合同仲裁案和采购合同诉讼案获得胜诉，锁定债权1.35亿元。加大到期债权法律催收力度，累计回收逾期债权3.92亿元。扎实做好审计署、两级集团部署的各项重大审计工作，得到上级单位充分肯定。全年开展各类内部审计32项，提出管理意见77条，促进了公司管理提升。

五、应急防疫措施有力

坚持"人民至上、生命至上"理念，不断完善应急管理体系，提升应急管理能力，妥善应对了哈萨克斯坦社会骚乱、汤加火山喷发、乌克兰紧急撤离、埃塞俄比亚武装冲突等波及我海外员工人身安全的突发事件，切实保障了员工生命财产安全。"以人为本构建灵活高效的应急管理体系"获得2022年中国企业改革发展优秀成果二等奖。常态化做好疫情防控，妥善处置了18个国别、28人次境外涉疫突发事件，组织医疗专家境外远程会诊17次，境外中方人员新冠疫苗接种率100%，境外机构未发生聚集性疫情和死亡病例。圆满完成国资委下达的接返任务，累计接返境外中方人员8601名，未发生输入性病例。严格落实相关防疫政策，动态调整办公安排，保障了公司本部正常办公秩序。

六、科技信息化成果突出

认真落实两级集团"十四五"科技与信息化发展规划，开展实施科研课题 33 项，维护公司高新技术企业资格持续有效。科技创新能力稳步提升，参编并获批行业标准 1 项，获省部级科技成果奖 1 项，中国能建科技进步奖 2 项，集团科技进步奖 2 项，申报国家专利 24 项。发挥技术对市场开发和项目履约的支撑保障作用，全年组织招标投标技术评审 183 次，对在建项目危大工程方案、重大设计与技术问题共 20 余项开展了专家评审和论证。完善公司数字化基础设施和网络安全建设，圆满完成护网行动。积极推动产信融合，构建了公司信息化建设总体框架，编制了《海外智慧工地应用指南》，持续推进 OA、报表、低代码平台等系统建设更新。

七、队伍建设不断加强

深入贯彻落实中国能建人才工作会精神和两级集团能力建设年工作部署，发布了公司"十四五"人力资源规划。务实开展干部选聘及轮岗交流，全年对 78 个单位共 191 名负责人进行调整，组织了两批次 7 个岗位的中层干部竞聘，干部队伍结构进一步优化。广纳国内外英才，全年引进各类型成熟人才 65 人、外籍管理人员 24 人，签约大学毕业生 47 人，人才队伍进一步充实。持续完善培训体系，整合内外部优质培训资源，开展各类专业系统培训共计 6 千余人次。

八、党的建设全面加强

以多维度大党建格局统领发展全局，党建工作成效突出，荣获中国能建党建年度考核 A 级。抓实抓严"第一议题"制度，全年组织党委中心组学习 7 次，党委（扩大）会学习 10 次。扎实开展"联学联建·融通融合'六个一'"主题行动。与中电工程国际公司搭建联学平台，建立 7 个业务对接通道，实现"1+1>2"的倍增效应。深入学习贯彻党的二十大精神，开展主题学习教育实践活动百余次，公司领导班子赴基层讲党课 21 次。组建党员突击队 16 个，设置党员示范岗 48 个，充分发挥了基层党组织的战斗堡垒和党员先锋模范作用。推进全面从严治党，公司党委开展常规性集体约谈、个人谈话共 265 人次，全年受理问题线索 9 件，组织处理 5 人次。新建员工活动室，开展健步走等特色文体活动，办结 32 项暖心实事，员工满意度获得感不断提升。

第十一节　中国机械设备工程股份有限公司

中国机械设备工程股份有限公司（简称"中设集团"或 CMEC）是中国第一家工

贸公司。历经40多年发展，中设集团已经成为一家以工程承包和产业开发业务为核心，融合贸易、设计、勘察、物流、研发等全产业链支撑的大型国际化综合性企业集团，业务网络遍及全球160多个国家和地区。

2022年，公司始终坚持以习近平新时代中国特色社会主义思想为指导，积极响应国家"走出去"战略，紧抓共建"一带一路"重大历史机遇，公司干部员工努力拼搏，积极应对严峻复杂的外部环境，全力以赴，稳住经营基本面，保证了公司稳步经营。

一、稳健开展国际经营，扎实推进国际业务走稳走实

1. 持续巩固特色领域优势，多个国际项目签约生效

围绕高质量共建"一带一路"，以区域、次区域联动开发、产能合作和工业化为着力点，在确保海外市场总体规模和重点国别市场地位的基础上，公司积极调整市场布局，主动突围，不断挖潜，提高市场活跃度，全力推进新项目的签约和生效。成功签约孟加拉国北达卡市垃圾发电项目、乌兹别克斯坦光伏电站项目、几内亚安居房建设项目、泰国锅炉岛项目、葡萄牙光伏项目、蒙古国全国骨干网项目等。

2. 国际业务顶压前行，项目执行平稳有序

力保重点项目高品质履约，夯实海外市场高质量发展根基。集中力量，逐一梳理待生效项目难点、堵点，创新思路，寻找对策，逐一突破。在手执行项目均有序推进，平稳运行，多个项目完成重要节点：2022年实现了巴基斯坦塔尔二期项目、巴基斯坦吉航项目、赤几马拉博燃机电厂扩建项目、伊拉克萨拉哈丁电站项目、伊拉克巴士拉燃机联合循环电站扩建项目等机组的发电任务；阿联酋艾尔达芙拉电站项目实现首次并网发电。

3. 顺应新发展趋势，新市场、新领域探索取得突破

公司积极布局清洁低碳、新基建等业务，在垃圾发电、污水处理、智能制造等领域持续发力，绿色业务占比持续提升。数字化、智能化转型扎实推进，模式创新不断深入，坚定不移服务国家所需，进一步彰显央企担当。在葡萄牙实现进入欧盟高端市场的突破，并有多个项目在开发，秘鲁、尼日利亚等市场实现项目集群式开发。顺应新能源发展趋势，公司签约乌兹别克斯坦光伏电站项目、津巴布韦光伏电站项目等，加快实现国际业务转型升级。

二、持续推进专业化建设，提升属地化经营水平

公司不断加强光储、输变电、固废和水务四个技术中心的专业化建设。技术中心持续推进专家队伍建设，加强技术交流，分享技术成果，为项目开发做出了有力的技术支撑，也为项目执行提供了有效的技术服务，创新发展的趋势日益突出。

公司坚定不移推进"一带一路"相关项目的属地化进程，努力与当地社会和企业构建利益共同体。重点市场的人力资源、供应链等要素的属地化带来明显效益，提升了资源配置能力和国际化经营水平。巴林保障房项目、阿布扎比光伏项目、白俄罗斯

项目群大量使用属地化管理人才和施工队伍，拉动当地就业，在节约了施工成本的同时，也为公司可持续发展提供了人才支撑。

三、不断优化经营管理，综合能力建设稳步提升

1. 持续强化财务管理，推进职能前移

以全面预算管控为抓手，落实经营责任主体，强化成本管理，持续防范和化解重大风险。积极优化财务管控体系，完善配套制度，不断提升财务价值创造能力。持续强化财务管理，夯实会计基础工作，大力推动业财融合，推进职能前移，为业务提供贴身服务。

2. 提高融资多元化水平，积极丰富融资模式

提高资金风险管控水平，积极拓宽融资渠道，进一步完善国际金融和保险机构库，加强与多边开发机构、政策性银行、出口保险机构的合作。提高项目融资能力，着力提高外汇风险管理水平，积极管控外汇风险敞口，优化授信模式和融资利率汇率方案。

3. 完善激励约束机制，优化人力资源相关制度

公司推进"三项制度"改革，不断健全薪酬和考核体系，将薪酬与公司效益、员工绩效紧密结合。深入推进经理层任期制、契约化工作，完善激励约束机制，建立全方位绩效考核体系。根据业务需要，有针对性开展专业化、综合性人才引进工作。

4. 高度重视合规经营，加强风险管控

公司围绕业务需求，坚持系统观念，统筹发展和安全，增强机遇意识和风险意识，完善快速反应机制。提高风险化解能力，使法律风险管理、法律合规管理与经营管理紧密融合，积极发挥法律与风控工作对业务发展的支持以及价值创造作用。加强成员企业间的风控管理交流和对接，提高工程承包业务的整体风险管控水平。

四、加强供应链建设，完善协同发展生态圈

高度重视与产业链上下游企业的联动，通过各方协同，形成相互支持、相互促进的市场开发新格局。公司与行业领先企业、地方政府、金融机构等积极接洽，建立利益共享、风险共担的合作机制，提高自身和合作伙伴在国际市场的综合竞争力。加强与政府主管部门、商协会、使领馆的交流，通过高端论坛、专家大讲堂和商协会合作机制等，大力推动战略合作协议落实落地。积极参与国家能源局"一带一路"能源合作伙伴关系合作网络工作，承办"智慧能源交流论坛"，推进成员单位间合作。

五、履行社会责任，展示积极作为

全面加快公司高质量发展，积极践行可持续发展理念，在履行社会责任方面体现新担当、展现新作为。2022年荣获对外承包工程企业社会责任绩效评价领先型企业。乌克兰尼科波尔光伏电站项目获得第四个鲁班奖和"2022国际工程绿色供应链管理评

价活动"之杰出项目奖；阿根廷贝尔格拉诺货运铁路改造项目获得优秀项目奖。阿联酋光伏项目荣获承包商会2022可持续基础设施奖。阿根廷贝尔格拉诺货运铁路改造项目入选国资委《中央企业海外社会责任蓝皮书》，与安哥拉索约电站项目同时被收录于联合国工业发展组织社会责任项目优秀案例集。公司赢得项目所在国各利益相关方的高度赞扬，彰显了中国企业的责任与担当。

第十二节　中国江西国际经济技术合作有限公司

刚刚过去的2022年，是江西国际公司发展进程中极具考验、艰难爬坡的一年。这一年，百年变局加速演进，国际政治格局错综复杂，世界经济复苏艰难，新冠疫情持续肆虐，给对外承包工程行业带来了前所未有的压力和挑战。这一年，公司以高度负责的政治自觉和政治担当，高质量推进国企改革创新三年行动工作。面对复杂严峻的形势，公司坚持以习近平新时代中国特色社会主义思想为指导，深入学习贯彻党的二十大精神，坚决落实"疫情要防住、经济要稳住、发展要安全"重要要求，在省委省政府的坚强领导下，在江西省国资委和中国对外承包工程商会等部门组织的悉心指导下，始终坚持稳中求进工作总基调，以"四稳四扩"战略为引领，以改革创新为动力，以强基固本为抓手，有力应对各种风险挑战，全力稳住了发展基本盘。

2022年，公司国际工程承包业务新签合同额较上年略有增长，尤其可贵的是结构上显著优化，国内工程业务新签合同额创历史新高。受疫情持续影响，公司内部管理、项目建设成本不断攀升，加之要化解历史遗留问题，经营效益出现下行，但在市场开拓方面继续保持了可持续发展态势，特别是取得了"四个突破"，包括：国内工程新签合同额突破10亿元人民币大关，国内水利工程领域取得零的突破，东南亚国际工程承包市场取得零的突破，境外矿区建设领域取得有效突破。公司连续19年入选全球最大250家国际承包商，2022年位列67位。此外，根据全省经营性国有资产集中统一监管的要求，江西省建筑设计研究总院集团公司整体划入公司。这些都为公司构建境内外双循环新发展格局奠定了良好的基础。

2022年，受疫情和部分非洲国家主权债务问题影响，非洲基建市场出现了明显下滑。公司始终聚焦境外工程主业，全力以赴抢市场、保履约、抓回款，筑牢了发展根基。刚刚过去的一年，公司重点抓了以下几个方面的工作：

一、深耕传统市场，筑牢发展"压舱石"

结合东道国发展规划和自身比较优势，深挖传统市场潜力，坚持有所为有所不为，在逆势中巩固了市场份额。在市场开拓上，赞比亚、肯尼亚、博茨瓦纳、津巴布韦、加纳、马拉维等传统市场持续得到巩固，老挝、马达加斯加、坦桑尼亚、科特迪瓦、贝宁等新市场开拓初显成效，埃塞俄比亚等风险较大市场有针对性地进行收缩。在项目选择上，重点开发资金有保障的多边金融机构资金项目，努力实现良好的经济效益。公司中标的全长102公里的马拉维M1公路项目是江西省企业在马拉维获得的规模最大的多边金融机构出资项目，在小市场实现了大作为。此外，在老挝新市场中标了世行出资的波利坎塞省河道护坡项目。

二、强化项目管控，攻克履约难关

2022年，非洲市场汇率贬值问题十分严重，国际航运、物流等各项成本大幅攀升，人员跨境流动严重受阻，给在建项目履约带来了严峻挑战。境外一线员工勇于直面挑战，以百折不挠的精神，打通项目履约难关，扎实推进了一批项目正常实施、一批项目竣工移交。赞比亚卡翁达国际机场被评为赞比亚"杰出工程""2022年度非洲最佳国际机场"。在博茨瓦纳，哈博罗内供水项目施工任务超出预期，项目组克服施工线路岩石较多、爆破量大等困难按期顺利完工。该项目共有三个标段，公司是三个标段中唯一一个按期完工的承包商。在津巴布韦，公司整合该市场所有力量，加班加点，日夜奋战，仅用94天完成了华友钴业尾矿库项目的施工任务。肯尼亚索伊科鲁大坝、肯尼亚国会培训中心、加纳北部OPRC道路等一批项目正在有序推进。这些项目的成功实施，展现了江西国际良好的履约能力，赢得了业主的赞誉。

三、抓好境外投资，拓展发展新途径

赞比亚江西经济合作区已完成办公楼和酒店主体建设，变电站正在进行设备调试和线路架设，今年4月将完全具备运营条件。园区在推进国内招商的同时，积极开展属地化招商，全年引进江西丰林松脂加工厂、江苏永鼎电力设备项目、南非太阳能电站项目、土耳其采石场与制砖厂等4个项目。尼日利亚乳化炸药厂项目逐步扩大产能，拓宽销售渠道，全年共生产炸药1398吨，销售炸药1170吨，炸药产品获得了市场认可。坦桑尼亚维多利亚公寓项目已全面完工，项目82套房源已销售64套，销售率达78%。肯尼亚蒙巴萨海景地产项目以酒店运营、租赁等形式推进良性运营。

四、以改革创新三年行动提升管理创新

采取统一调度、集中培训、一对一"诊疗"等方式专项攻坚改革难点，实现改革创新三年行动高质量收官。在健全完善现代企业制度方面，梳理制定了治理主体权责事项清单，明确了"三会"的决策事项和权限，进一步明晰了"三会"权责边界。设立了董事会战略与投资、薪酬与考核、审计与风险管理等三个专门委员会。在构建市场化经营机制方面，规范开展专业职级评定和项目经理序列等级认证工作，开展组织

机构和全员绩效考核，对考核结果进行强制分布、实行积分制管理；铜鼓利民雅苑项目试点开展骨干员工跟投，探索利益共享、风险共担的机制。在提升创新能力方面，积极参评江西省优质建设工程奖，3个项目被推荐为江西省优质建设工程奖；与南昌大学签订合作协议，共同推进省级工法、QC成果、专利等技术研究；以现代学院项目为试点，推行BIM技术应用；获得3项实用新型专利。

五、以底线思维有效防范风险

积极拓展融资渠道，严格按照资金计划做出筹融资安排，确保资金动态平衡、信用系统和资金链安全；集中开展境外项目资金占用清理，推动应收账款催收向制度化、常态化迈进。严格把关各类法律文书审查，将法律管理"关口"前移，从事后"文本审核"逐渐向"业务把关"转变，有效控制法律风险。搭建合规管理和风险管理联动机制，制定发布全面风险管理及合规管理基本制度。全力做好涉诉事务管理，切实维护公司合法权益。开展项目质量安全大检查，对发现问题及时整改，全年未发生重大安全生产事故。高度重视疫情防控，全年共发放疫情补贴510万元人民币，共支出境外疫情保险费用48万元人民币，及时向境外机构提供防疫物资和药品；邀请核酸检测机构上门进行核酸检测，疫情防控"新十条"发布以后，及时发放防疫药品。持续深化平安建设工作，连续14年获评全省平安建设先进单位。

第十三节　中信建设有限责任公司

中信建设有限责任公司（简称"中信建设"）是中国中信集团的一级子公司。多年来，中信建设积极践行"一带一路"倡议和国家区域发展战略，坚持"以投融资和为业主提供前期服务为先导取得工程总承包，以工程总承包带动相关产业发展"的经营战略，打造互联互通超大工程、社会保障房民生工程、国际产能合作工程、产融结合片区开发工程等，从当地可持续发展的需求出发，提供项目策划、投融资方案、建设运营以及产业咨询等"全生命周期"综合解决方案。

中信建设作为施工总承包特级资质企业和国家高新技术企业，业务领域涉及房屋建筑、基础设施及工业设施建设，并积极寻求在资源、能源、农业及生态治理等领域的深度合作。公司海外业务主要分布在非洲、拉美、东欧、中东、亚太等"一带一路"沿线近20个国家或地区，并与英国、日本、韩国、新加坡等国知名企业拓展第三方市场。

多年来，中信建设成功实施了诸多具有重大影响力的国际民生项目，树立了中国企业的良好品牌形象和声誉，得到业界的广泛认可。在美国《工程新闻记录》（ENR

"全球最大250家国际承包商"排名中连续多年跻身前列；2022年，中信建设荣获中国对外承包工程商会评选的"社会责任领先型企业"，获评"中白建交30周年经贸合作杰出贡献奖"，获得业内充分肯定。

中信建设主动作为，深度融入国家区域发展战略，推进共建"一带一路"高质量发展，斩获新市场、新领域、新业绩。

一、推进"一带一路"走深入实，海外业务实现量质齐升

中信建设依托于中信集团"金融全牌照，产融一体化"的优势资源，拓宽多元化国际合作。多年来，中信建设积极响应党和国家走出去号召，充分发挥党建工作引领作用，勇于创新差异化经营模式，通过为业主提供综合开发前期规划服务，带动基础设施、工业设施、轨道交通、产业园区、新基建项目的实施，通过示范项目带动产业链上下游延伸，激发区域经济可持续发展。

中信建设精准对接东道国经济社会发展关切，服务国家经贸合作和经济外交，用足用好双多边合作机制，深耕传统优势市场、突破新国别市场。坚守履约承诺，以一批接地气、聚人心的名片工程，擦亮中信品牌。2022年，白俄罗斯农工综合体项目建成投产并通过国家验收，白俄罗斯总统卢卡申科出席投产仪式；伊拉克总理出席米桑电厂项目投运仪式，盛赞项目是中伊两国合作的新名片；安哥拉RED项目31000套住房全部移交，圆满收官。

二、打造优势专业，实现农业领域国内外市场联动、产业链快速延伸

中信建设积极发挥综合优势和协同优势，联合在金融、资源能源、装备制造、工程设计、农业综合开发、环境保护等领域的龙头企业和优质资源，深耕"一带一路"市场，聚焦新兴产业合作，打造差异化竞争优势。

中信建设积极培育国际农业合作领域中央企业品牌，力争成为建筑细分行业的领军企业。积极参与国内、国际粮食产业链，打造国企农业走出去品牌，实现农业领域产业链快速延伸。阿拉山口边民互市项目顺利通过验收并投入运营；与日本伊藤忠、新加坡盛裕集团共同推进海南渔港及渔港经济区建设；深耕海外农业资源禀赋地区，在东南亚开拓农业基础设施项目，参与国际粮食产业链合作。

中信建设承建的白俄罗斯全循环高科技农工综合体项目是中白经贸合作领域大型重点项目，也是白俄罗斯"绿色经济"的典型代表。中信建设充分发挥新疆作为丝绸之路经济带核心区的独特区位优势，实施喀什肉牛产业链项目、隔离屠宰加工项目，推进阿拉山口边民互市项目试运营有序开展。

三、紧抓全球价值链重塑发展机遇期，大力拓展新市场、新领域

当前，全球正逐步进入后疫情时代，资源要素禀赋格局调整将推进产业链重新布

局。中信建设紧抓发展机遇期，充分发挥自身较强的海外工业设施运作能力和强大项目交付能力，通过设施和生产线的改扩建、技术改造等工程，带动中国设备和标准走向海外，有效促进东道国经济多元化和产业升级。通过不断增进软联通，打造稳固的海外合作伙伴关系，丰富"一带一路"合作内涵。

在海外市场持续深耕"一带一路"重点市场，实现可持续发展。2022年，签约安哥拉洛比托红线外供水工程、刚果（金）卡莫阿三期土方工程、老挝丰沙里省替代发展示范项目（一期）等新项目；新签署沙特利雅得2万套社会住房项目、刚果（布）蒙哥钾盐综合利用项目合作协议；2023年，签约刚果（金）基普希锌矿供货与安装工程项目、安哥拉地质调查二期项目；在中国—中亚峰会上，中信建设与哈萨克斯坦签署了多领域项目合作协议；与乌兹别克斯坦签署了农业产业园项目合作协议。通过走出去开拓新市场，延伸和提升产业链供应链现代化水平。

中信建设注重技术研发投入，强化科技成果转化，加快数字化转型，推动国际标准互认，推动领先工艺的国际合作与项目应用，以技术创新带动商业模式创新，充分发挥科技创新在传统工程承包领域的带动作用，打造科技服务型工程建设综合服务商。2021年起，公司通过国家高新技术企业认定，目前已获得的各类专利范围涉及建筑工程、交通工程、市政工程、环境工程、工业设施等多个领域。

2023年适逢"一带一路"倡议十周年，中国持续深化与沿线国家和地区的合作，强化双多边经济机制，营造可持续发展的外部环境。中信建设将持续强化党建引领作用，遵循共商共建共享原则，承担发展使命和责任，推进共建"一带一路"高质量发展。通过不断深化专业能力，提升合作水平，打造国际合作核心竞争力；秉持高标准、可持续、惠民生的理念，努力做到建设一个项目、发展一方经济，为改善项目所在地民生，展现负责任中国企业形象，推动可持续发展作出新贡献。

第十四节　北京城建集团有限责任公司

北京城建集团有限责任公司（简称"北京城建"）具有房屋建筑工程、公路工程总承包特级资质，以城建工程、城建地产、城建设计、城建园林、城建置业、城建资本等六大产业为主业，城建文旅、城建国际、城建服务等新兴产业稳步成长，形成上下游联动的完整产业链，致力于打造"国际知名的城市建设综合服务商"。

2022年度北京城建在全球大承包商排名位列13名，国际大承包商排名位列98名，营业额及排名均创历史最高水平；获评2022年度对外承包工程行业A级企业，"对外承包工程企业AAA级""对外劳务合作企业AAA级""对外设计咨询工程企业AAA级"；马尔代夫维拉纳国际机场水飞设施项目喜获《2022国际工程绿色供应链管理优秀项目》、ENR2022 年度机场 / 港口类优秀工程奖；获评"社会责任领先型企业"；香港国际机场第三跑道项目获评《香港建筑业安全大奖金奖》等。

一、市场开拓

在东南亚南亚市场，植根印度尼西亚、柬埔寨、孟加拉国、马尔代夫等成熟国别市场，推进柬埔寨磅湛供水项目、柬埔寨磅湛污水及排水项目、香港机场东部消防局和陆上消防局 3804 项目、马尔代夫机场公司新货运站道路、马尔代夫机场服务区改造等项目的中标；在港澳市场，依托在施香港机场项目，实现香港机场消防局项目新签；在非洲市场，优化非洲区域市场布局，成立东南非地区部以及西北非地区部，与在非合作伙伴等建立联系和沟通机制；在中亚及欧洲市场，围绕水务类领先产品，推动合作意向的达成。

二、转型升级与三方合作

2022 年北京城建通过与阿特金斯、新加坡 CPG 集团、AECOM、WSP 等第三方设计咨询企业在港澳地区、南亚地区以及美大区域的合作，进一步提升了市场开拓以及整合上下游资源的能力。同时，通过对标领先的国际工程总承包商设计咨询管理模式，根据供应商资源的情况不同，因国别而异、因项目类型而异，及时复盘科学的管理经验，按照"三支柱"模型开展设计咨询业务和建立管理模式，拓展设计协同范围，努力发挥国际规划设计中心的牵引和支撑作用。

三、绿色发展

落实"双碳"目标，以绿色建造为抓手，以智慧建造为导向，从源头减少污染产生、降低资源消耗，实现企业高质量发展与生态环境保护相协调。例如香港国际机场航站楼及站坪综合建造项目中应用大跨度钢屋盖综合模块拼装技术、大跨度钢结构施工全过程应力分析技术、基于 BIM 正向设计的智慧化建造技术、智能工业信息化管理等技术，相较传统技术，上述技术应用可在保证项目达到预期质量的前提下，减少工程材料用量、加快施工进度、节约施工成本，同时减少运营期能耗。预计项目建设期可减少能耗 5%，运营期可减少能耗 3%。同时，持续推进建筑垃圾再利用，例如在马尔代夫维拉纳国际机场改扩建工程中，将废旧建筑混凝土破碎加工回收，用于新机坪基础，此项措施减少了约 3 万吨建筑垃圾的运输和处理费用，以及等量碎石的生产采购，节能减排效果显著。

四、可持续发展

在国际工程建设领域，从经济可持续、社会可持续、生态可持续三个方面全面推进可持续发展。在经济可持续方面，以马尔代夫维拉纳国际机场改扩建项目为例，2013 年该机场年客运总量为422.4万人次，已满负荷运转，成为制约当地旅游业发展关键因素。北京城建牵头推动项目规划建设，工程完工后，可满足年旅客吞吐量850多万人次的需求。随着项目投用，当地旅游人数屡创新高，极大促进了当地经济发展。在社会可持续方面，在东南亚及非洲欠发达地区聘用属地员工超过5000人，解决当地工人就业问题；通过开展技能培训，授人以渔，属地员工获得一技之长，使当地整体建造水平明显提升，促进社会进步和发展。在生态可持续方面，重视生态环境的保护。例如在援白俄罗斯国家足球体育场项目，对场地范围内每一颗树木建立身份证，影响工程建设的树木及时移栽，确保成活；不影响工程建设的树木，进行精心保护、定期监测。

五、资源整合

围绕项目物资"大保障"，加速全球供应链体系建设，打造区域供应链平台，提高第三国采购能力，严控工作程序，提高采购、封样、发运等环节工作效率，落实阳光采购、价值采购，加强履约监控，保障项目供应。围绕"大计划"管理体系，根据P6工期计划，动态分析结果，总结出制约项目工期的关键性问题并不断纠偏。围绕"大经营"管理体系，持续关注大宗主材的数量对比控制，价格控制，持续推进对于设计指标有异的沟通工作，同时做好资料整理为索赔打好基础。围绕效能驱动，将国内供应链探索出来的供应商管理模式逐步推行至当地市场，提高当地资源的数量与质量，调整供应链布局，实现多元化采购，降低风险。加强现场物资与机械设备管理，积极推进固定资产、周转材料的跨项目调拨以及租赁服务，有效实现降本增效。

第十五节　中工国际工程股份有限公司

2022年，面对世界格局深刻变革和复杂多变的外部环境，中工国际贯彻新发展理念、服务构建新发展格局，强化科技引领和融合发展，进一步深化改革，全方位开展能力建设，新签合同额及合同成交额再创新高，经营业绩大幅提升。主要工作成绩体现如下：

一、国际工程承包业务取得高质量发展

迎难而上开拓国际市场。公司秉承共商共建共享的全球治理观，积极践行"一带一路"合作倡议。贯彻创新、协调、绿色、开放、共享的发展理念，以高标准、可持续和惠民生为准则，成功开发伊拉克九区原油和天然气中央处理设施项目、圭亚那医院群项目、印尼杰那拉塔大坝建设项目、乌兹别克斯坦奥林匹克城项目等多个规模大、质量高的海外工程承包项目。在上合峰会期间，公司紧抓机遇，促进重点市场开发，

不断推进国际产能合作和装备制造走出去，签署了化工、天然气、索道旅游设施等领域一系列合作协议，多个项目迅速落地实施。扎实推进中白工业园建设，截至2022年底入园企业达到100家，协议投资总额超过13亿美元。打造央地合作平台，与甘肃（兰州）国际陆港建立姊妹园，与青岛上合示范区互设联络处，深度融入"双循环"新发展格局。积极探索"丝路电商"新业态、新模式，主导推进"白俄罗斯国家馆"并正式运营。

"一带一路"建设硕果累累。尼泊尔博克拉国际机场项目建安工程竣工典礼顺利举行，国务委员王毅在德乌帕总理的见证下向卡德加外长递交了项目竣工的金钥匙，尼泊尔总理普拉昌达出席投运仪式并致辞，称赞博克拉国际机场实现了尼泊尔人民期盼多年的现代化机场梦想，是尼泊尔"国家荣誉工程"，中国驻尼泊尔大使馆称赞博克拉国际机场是中尼共建"一带一路"的亮丽名片。菲律宾赤口河泵站灌溉项目顺利完工，惠及当地5000家农户，对带动地方农业发展和提高民生福祉作出贡献，助力我国技术标准走出去。多个援建项目顺利移交，好评如潮。援柬埔寨金边考斯玛中柬友谊医院正式启用，为目前该国最大、最先进的医院之一；援莫桑比克莫中文化中心项目顺利通过竣工验收，质量评级为优良，现场管理组评分优秀；援白俄罗斯国家足球体育场项目主体封顶；援柬埔寨国家体育场入选全球年度最佳体育场；阿富汗喀布尔大学综合教学楼和礼堂正式启用；援厄瓜多尔乔内医院、援多米尼克中多友谊医院等项目顺利移交并全面运营。

二、转型升级夯实高质量发展

以融合促转型，释放协同效应。在融合发展战略的指引下，公司大力促进中国中元、北起院与中工国际本部发挥各自优势，携手开发海外市场，设计咨询、高端装备与工程承包聚合优势突显。2022年以来在索道、医疗建筑、体育场馆建筑等领域屡有斩获，公司在工程建设领域提升全链条业务整合能力，形成以一流的设计咨询为牵引，以先进工程技术和装备为支撑，以工程总承包和投建营为主要商业模式的全价值链运作模式，形成更加均衡的市场结构及业务领域布局，提高公司海内外自营能力和抗风险能力。

大力推进科技创新。公司高度重视科技创新对公司发展的引领作用。2022年，建立覆盖公司全系统的科技创新体系，成立科技创新委员会，搭建公司高层次专家梯队，大力加强科研平台建设，深入拓展国际科技合作，从顶层打造中工系统科研管理体系。坚持高新技术企业定位，公司研发投入持续提高，全系统已有高新技术企业8家。围绕重点业务方向，聚焦产业化和应用化目标，特色高技术产品研发取得突破，形成重点领域研发和产业化能力。科技创新成果和行业影响力持续增强，公司全年共获省部级以上科学技术类奖项18项，其中一等奖8项，为历年最好成绩，牵头组织或参与22项国家及行业重大标准制修订工作。获得三个类别共五项援外实施企业资格。知识产权申请和授权数量相比2021年显著提高。

三、积极践行绿色发展理念

公司积极履行央企社会责任，将新发展理念融入公司战略和生产经营，树立重民生、有温度、负责任的央企上市公司良好形象。人民日报、央视等权威媒体纷纷报道公司承建的菲律宾赤口河泵站灌溉、孟加拉国帕德玛水厂和尼泊尔博克拉机场等多个项目，高度赞誉公司为提高项目所在国当地民生所付出的努力。公司连续四届荣获对外承包工程企业社会责任绩效评价最高等级。积极参与冬奥会国家重大保障任务，为冬奥会成功举办保驾护航。认真落实香港抗疫各项部署，高效完成香港应急医疗设施建设设计及现场服务工作，在关键时刻彰显央企责任担当。公司组织制定了《2030年碳达峰目标实施方案》，为落实"双碳"目标制定了详细的路线图。2022年，公司顺应资本市场发展趋势，进一步提高ESG管理水平，建立健全ESG管理体系。在连续10年披露社会责任报告的基础上，首次披露2022年度ESG报告。凭借着出色的ESG管理，公司再次入选《证券时报》"A股公司ESG百强榜"，成功入选"央企ESG·治理先锋50指数"。

第十六节　特变电工股份有限公司

一、市场开拓及转型升级

2022年，特变电工面对严峻复杂的国际环境，全体员工凝心聚力、迎难而上，通过深挖存量市场存量客户、开拓增量市场增量客户双管齐下，公司业务已遍布70余个国家和地区，从输变电逐步拓展到新能源、储能、水处理等多个领域，公司取得了较为丰硕的成果。国际业务从设备供货向设备集成、检修服务等方面转型升级，并在墨西哥、哈萨克斯坦等国实现突破；同时，国际业务从输出工程服务向输出中国先进电力技术标准转型升级，孟加拉国达卡城网改造项目等使用中国电力标准的项目顺利履约，国际业务保持平稳健康增长。

二、绿色发展

特变电工始终坚持共建绿色"一带一路"，公司积极在"一带一路"沿线国家开展基础设施绿色节能环保项目建设，在孟加拉国、莱索托、菲律宾等国建设了一批高效、节能的输变电、光伏项目，譬如公司在巴布亚新几内亚执行的132kV输变电项目上采用先进的电力技术标准和绿色节能电力设备，项目建成后，可以帮助巴布亚新几内亚将目前高达26.5%的电网系统损耗降至10%以内，大幅降低了系统损耗。

同时，公司积极推动内部系统性绿色化改造，确保2030年前实现公司整体碳排放达峰，稳健推动公司各产业进一步迈向低碳发展。截至目前，公司内部9家单位获得工信部绿色工厂荣誉。此外，公司大力推动园区光伏电站和储能项目，生产环节用能逐步替代为绿色能源，计划建设 65.55 兆瓦，已在 4 个园区投资建设 5.52 兆瓦分布式光伏电站，储能规模达到 3 兆瓦时，正逐步推广至特变电工所有产业园区。

三、资源整合

"一带一路"沿线国家众多，市场规模大、需求偏差大，单一企业很难完全覆盖。特变电工始终坚持习近平总书记提出的共商共建共享"一带一路"的要求，共享资源、整合资源，与中国资本、中国技术、中国企业一道走出去，共同开拓"一带一路"沿线市场。在整合内部资源方面，公司充分发挥全产业链优势，整合内部制造业、工程承包优势资源，打造集成营销平台，通过优质服务在哈萨克斯坦等市场设备集成出口订单，并成功在孟加拉国中标 132kV 地埋电缆总包项目。在整合外部资源方面，公司积极与国内外金融机构、企业进行合作，共同参与项目开发，在巴布亚新几内亚，公司参与建设的巴布亚新几内亚国家电网二期项目暨拉姆系统蒙特哈根－扬基 132kV 扩展项目获得中国进出口银行大力支持，已于 2022 年顺利完成融资关闭，并进入履约生效阶段。同时，公司积极与中国电建、中国能建等企业进行合作，发挥彼此的比较优势，共同开拓"一带一路"市场，带动公司输变电、新能源高端装备走出去，2022 年带动出口金额超 10 亿元。

四、三方合作

特变电工积极践行"创新、协调、绿色、开放、共享"五大发展理念，与东道国企业和第三方企业在国际产能合作项目建设中深入合作。同时，公司积极使用当地设计、劳务、施工等资源，与当地企业共同成长，共享"一带一路"发展成果。在塔吉克斯坦，公司创新性使用资源置换发展所需资金，为塔吉克斯坦建设了杜尚别一号、二号电厂项目，习近平总书记参与一期点火暨二期开工仪式，习近平总书记 2019 年出访吉尔吉斯斯坦时发表署名文章，再次提到了特变电工在塔项目，该项目已成为中塔国际产能、三方合作的典范，项目建成后，大大提升了塔方的供电、供暖能力，解决了当地的缺电、缺暖问题，增加了当地人员就业，对当地经济发展和改善民生都发挥了积极作用。在埃及，公司与西班牙开发商 Acciona 共同开发了本班 3*62 兆瓦光伏电站项目并承担项目 EPC 工作，项目使用 IFC、工行等银团贷款解决项目资金短缺问题，在项目建设过程中，公司设计团队与埃及本地设计院充分合作，高质量完成设计工作，赢得了合作方和埃及政府的高度评价。

五、风险防控

特变电工始终把风险防控作为海外工作的重中之重，经过多年发展和完善，已建立了较为健全的风控管理制度和风控处理机制。一方面，公司与中信保、邓白氏等国内外重要平台建立合作管理，严把事前筛选关，优选合作项目和合作伙伴，从源头规避风险。另一方面，公司建立了三级风控体系，形成定期调度和管理机制，按照早发现、早处理、早预防的原则，持续加强对海外项目的动态监测和风险预研预判，不断织密扎牢风险防控网络。同时，公司先后邀请中信保结合公司业务情况进行专项培训，强化风险事项管理，深化风险防控意识，并为公司制定针对性的保险方案。2022年以来公司未发生重大风险事件。

此外，公司坚持安全为天的经营理念，狠抓海外安全生产工作。公司张新董事长指出"安全工作是一个全员性、无死角、人人有责的工作，安全工作没有旁观者，没有局外人"，公司狠抓境外大安全管理体系建设，全年开展安全培训103项，组织开展防恐、消防、防盗以及应对各类自然灾害等专项应急演练或桌面推演100余次，2022年国际条块安全生产零事故，为生产经营提供了坚实的安全保障。

第十七节　三峡国际能源投资集团有限公司

三峡国际能源投资集团有限公司（简称"三峡国际"）成立于2011年10月，是三峡集团实施"走出去"战略的重要载体和开展境外清洁能源投资的唯一平台。公司聚焦境外清洁能源项目的投资与开发，根据业务发展需要，先后成立了欧洲、南亚、巴西、拉美和亚非五大区域公司，主要市场分布在巴西、巴基斯坦、葡萄牙、西班牙、埃及、约旦、墨西哥等20余个国家和地区。

截至2022年年底，三峡国际拥有总装机规模达1,883万千瓦，资产总额超千亿元，年营业收入约147亿元，利润总额约58亿元，净利润约42亿元，资产负债率51.38%。公司首次开展国际信用评级，即获得惠誉、标普、穆迪分别为"A+""A"和"A1"评级结果，惠誉和穆迪评级结果与中国国家主权评级相同，三大机构评级结果与三峡集团评级相同，公司成为亚太地区最高独立信用评级电力企业，体现了国际评级机构和国际资本市场对公司的高度认可。

针对三峡国际国际化经营，主要经验做法归纳如下：

一、坚持绿色发展，聚焦清洁能源

近年来，习近平总书记对低碳绿色发展，实现碳达峰、碳中和多次做出重要指示。三峡国际始终秉持"创新、协调、绿色、开放、共享"的新发展理念，境外投资开发的项目全部为绿色、低碳能源。在巴基斯坦，三峡国际努力打造"规划先行、高端进入、三峡引领、国际参与"的开发模式，习近平总书记亲自见证开工的卡洛特水电站得到巴基斯坦政府和民众的高度肯定。在巴西，三峡国际不断扩大资产规模、培养绿地开发能力。2019 年，通过与 EDP 巴西公司合作支持加利谷森林地区保护项目，从直接碳排放量角度实现了当年 100% 碳中和。

二、坚持合作共赢，打造命运共同体

三峡国际大力实施属地化经营，积极融入当地，带动项目所在地就业和经济发展，目前外籍员工占比超过 80%，同时通过实施多层次的股权多元化，建立各方的命运共同体，充分发挥各方优势，实现互利共赢。在与国际企业的合作上，通过与葡萄牙电力公司（EDP）的战略合作，先后收购葡萄牙风电资产、澳门电力股权，并成功进入意大利、波兰和巴西清洁能源市场。在与国内企业的合作上，联合国内设计、施工、装备制造企业组成联合体，编队抱团出海，增强了中国企业的国际竞争力和影响力。

三、坚持合规经营，主动对标国际标准

三峡国际始终严格遵守国际通行规则和所在地法律法规要求，不断对标国际标准，强化合规意识。在海外并购和绿地建设过程中，确保市场开拓、建设和运营符合环境、ESG 等各项要求。在三峡南亚公司，成功引入世界银行旗下国际金融公司（IFC）作为小股东，通过借鉴 IFC 经验，从体制机制、制度流程和外部监督等方面加强公司风险内控及诚信合规道德体系建设，注重与国有企业监管要求的结合，逐步构建了三峡南亚公司的合规管理体系，进一步提升了公司在环境保护、社会责任、诚信合规经营等方面的能力。

四、坚持风险防控，引入国际化管理流程

三峡国际始终把风险的有效管控放在首位，严格按照中央和国家有关部委提出的"危地不往、乱地不去"要求，审慎选择国别和区域，严控债务、投资、金融风险，严防安全环保风险，牢牢守住不发生重大风险的底线。在国际业务布局上，逐步形成了突出重点区域与国别、以点带面的市场布局，全球业务布局不断优化；在投资决策上，充分借鉴 EDP 经验，优化完善评价指标体系，为投资决策提供科学参考依据；在项目尽调上，聘请财务、法律、市场、技术等第三方顾问，全面评估投资项目及所在国家与区域的国别、电力市场、法律合规、财务税务以及技术等各项风险，做到投前心中有数、投后管控有术。

五、坚持深化改革，实现国际平台的股权多元化

三峡国际坚决贯彻落实中央关于深化国有企业改革的决策部署，于 2021 年 12 月，成功以增资扩股的方式完成在香港平台引进战略投资者工作。此次引战是中央企业在香港平台引入境外战略投资者的首次尝试，符合国资国企改革方向。通过引战不仅获

得了未来发展所需资金，更加重要的是有利于优化公司治理结构，更加适应国际市场要求。

第十八节　中国民航机场建设集团有限公司

中国民航机场建设集团有限公司是中国民航机场建设旗舰企业，具备民航机场工程建设全产业链业务能力，能够为各类机场工程建设项目提供设计咨询、工程建设、工程监理、装备制造、项目管理、投资运营、试验检测及科技研发等专业服务。在60余年发展历程中，参与了我国全部大型枢纽机场、省会机场，绝大多数支线机场及大量通用机场的工程建设，承担百余个海外机场建设项目，在民航机场建设领域居于行业领军地位。

当前，公司正在加紧实施"机场+X"战略，在机场工程业务基础上，布局拓展航空物流、临空开发等业务领域，打造集策划、咨询、规划、设计、投资、建设、运营、装备、科研、信息化等为一体的全产业链发展主线，力争成为世界一流的机场及临空产业综合服务商。

一、多措并举开拓市场，加快构建新发展格局

加强内外市场相融互促，在做好国内市场基础上，紧跟国家政策，做好服务对接。深化推动"一带一路"高质量发展，深入贯彻"空中丝绸之路"工作部署，通过民航基础设施建设带动全行业资本、设备、管理、技术、标准等各要素走出去。2022年，成功签约柬埔寨、伊拉克、中国澳门、尼日尔、多哥等一批海外机场咨询设计及总承包项目。

市场开发层面，公司通过综合研判海外民航市场布局，结合企业自身发展规划，选取优势国别设立境外机构，靠前拓展市场。境外商务及技术骨干团队对当地工程承包政策、市场环境、供应商资源等开展充分调研，并从民航体系专业性和综合性出发进行市场开拓。境外机构开发团队与业主开展深入对接、长线交流，了解其对于机场及地区民航发展愿景，并以此为基点，发挥自身专业优势，以业主咨询方的角色参与项目开发，识别项目机会。

项目实施层面，公司持续推进"现汇、框架、投资"三业并举。参与不同类型海外现汇项目竞标，包括前期项目咨询、规划设计、评审、施工、监理等。对接国家开发银行、中国进出口银行、中国信保等金融机构，解决海外主权项目融资等具体问题。通过分析识别具有投资价值的机场，寻求"投建营一体化"项目机会。

国际交流层面，多维度参与民航国际合作与交流活动。公司与法国ADPI、EGIS

公司和美国 AECOM 等公司就基础设施设计、建造、投资和运营管理服务深度交流合作。参加"空中丝绸之路"国际峰会、国际基础设施投资与建设高峰论坛，交流思想、寻求合作、共谋发展。举办国产空管设备厂商走出去专项对接会，向国际市场输出中国民航的技术、标准、装备，提供中国民航高质量发展方案。通过对外交流持续扩大中国民航企业在国际市场影响力，提升公司在机场基础设施建设及临空领域的参与度，树立品牌形象。

二、着力强化固本拓新，赋能公司高质量发展

咨询设计业务保持行业领军地位，民航专业工程施工业务市场份额连续三年占据国内首位，全过程咨询、总承包、航站区和临空业务有效拓展，充分发挥产业链主力军优势，依托"数""智"机场建设发展主线，在数字化选址、仿真模拟技术、数字化监控技术、智慧跑道研究方面取得显著成果。

此外，公司积极落实和响应"四型机场"建设，推动智能建造与建筑工业化协同发展，不断加大关键核心技术的科研攻关力度，围绕民航机场全产业链发展，聚焦 BIM+GIS、数字化、智能建造、绿色机场等重点研究内容，探索科技研发、成果转化、工程应用、市场推广的一体化研发模式，培育出全国勘察设计大师、民航科技创新人才等重要科技领军人才。

三、推动绿色技术应用，探索创新经营模式

2022 年，公司数字化转型和绿色低碳工作稳步推进。主编并发布《机场工程建设期碳排放测算标准（试行）》，编制《绿色机场施工标准化手册》，推广应用数字化管理和数字化施工技术，推进绿色低碳施工工艺、材料和装备升级。

承办全国科普日"民航科技与绿色"主题活动，全面展现公司在民航建设领域的科技创新成果，被中国科协评为 2022 年度优秀科普活动。组织 2022 年工程建设行业绿色发展大会等建设领域论坛，充分展示公司科研、设计和施工科技创新成果，彰显公司在机场建设领域行业领军能力和影响力，并进一步加强业内单位的沟通和交流。

四、夯实机场主业优势，加强全产业链建设

改革重组后，公司整合行业各类优势资源，构建机场及临空全产业链一体化综合服务平台，充分发挥高端策划引领作用，围绕"机场+X"战略，以机场及临空为中心，实现相关多元化发展、多产业链延伸、多领域覆盖，重点培养打造空地服务一体化、建管养一体化、投建营一体化和港产城一体化"四个一体化"能力。致力于以机场项目为重心，带动周边道路、市政、临空经济等综合项目同步开发。

五、深化拓展伙伴关系，实现互利共赢局面

对外合作层面，公司在市场开发阶段与境外金融机构、咨询企业、建筑企业就市场和项目开展深入交流，持续加强第三方市场合作，深耕属地市场，加快国际业务属地化、实体化运营，创设全球化思维、属地化行为的发展模式。此外，通过拓展与欧美国际一流民航领域企业合作，广泛开展协同经营，从竞争对手变成合作伙伴，打破壁垒，实现共赢。

对内合作层面，公司与机场运营集团共同开展"一带一路"机场管理模式研究，积极对接国内设备供应商、金融机构、物流企业、飞机制造商及其他民航产业链平台，促进相关企业海外经营网络融合融通。探索多种合作模式，深化战略部署，共同开发海外机场及临空经济领域投资、建设和运营项目。

六、着力防范各类风险，保障公司高质量发展

在海外业务开发和实施期间，严格落实常态化风险防范工作。面对错综复杂的国际关系、疫情形势和部分地区社会治安混乱的大环境，公司有效应对走出去面临的风险和挑战，采取有效措施防范化解，健全海外风险管控体系，夯实海外市场前端开发、商务合约、资源配置、项目建设等基础管理工作，规范海外经营行为。

项目实施阶段，定期进行人员安全培训，对各区域国别进行针对性风险识别，健全风险应对机制，全力保障在建项目人员安全。严格落实政府部门及属地业主要求，防范安全环保质量风险。常态化开展重点环节财务风险防范治理，形成长效机制。优化股权、项目投资全过程管理，从源头把控投资风险。层层落实保密安全责任，加强技术防护，防范失泄密、网络安全和数据安全风险。